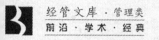

经管文库·管理类

前沿·学术·经典

吕梁市科技局课题"优质均衡背景下吕梁市义务教育集团化办学风险研究"
（编号：2023SHFZ21）
山西省高等学校一般性教学改革创新项目"基于OBE理念的混合式一流本科
课程建设研究与实践——以《发展心理学》为例"（编号：J20231379）
山西省教育科学规划课题"青少年社会情感能力与欺凌行为：双路径机制与
双向干预"（编号：GH-240005）

RESEARCH ON TEACHER STRESS MANAGEMENT
STRATEGIES BASED ON PROFESSIONAL DEVELOPMENT

基于专业发展的教师压力 管理策略研究

冀惠 李旭红 著

经济管理出版社

ECONOMY & MANAGEMENT PUBLISHING HOUSE

图书在版编目（CIP）数据

基于专业发展的教师压力管理策略研究 / 冀惠，李旭红著 . -- 北京 : 经济管理出版社，2025. -- ISBN 978-7-5243-0331-2

I. G443

中国国家版本馆 CIP 数据核字第 2025B9J726 号

组稿编辑：杨国强
责任编辑：白　毅
责任印制：张莉琼
责任校对：王淑卿

出版发行：经济管理出版社
　　　　　（北京市海淀区北蜂窝 8 号中雅大厦 A 座 11 层　100038）
网　　址：www.E-mp.com.cn
电　　话：（010）51915602
印　　刷：唐山昊达印刷有限公司
经　　销：新华书店
开　　本：710 mm × 1000 mm/16
印　　张：14
字　　数：242 千字
版　　次：2025 年 7 月第 1 版　　2025 年 7 月第 1 次印刷
书　　号：ISBN 978-7-5243-0331-2
定　　价：98.00 元

前　言

自 2018 年中共中央、国务院发布《关于全面深化新时代教师队伍建设改革的意见》以来，我国对教师队伍建设与教师专业发展的重视程度日益提高。2024 年 8 月，中共中央、国务院发布《关于弘扬教育家精神加强新时代高素质专业化教师队伍建设的意见》强调，"把加强教师队伍建设作为建设教育强国最重要的基础工作来抓"，并且在文件中明确了具体的目标和举措，尤其对提升教师的专业素质和能力指明了方向。在当今社会现代化进程迅猛推进的大背景下，学校所处的社会环境及教师的工作境遇已有了翻天覆地的变化，与往昔大相径庭。教师这一职业群体，其职业形象远非外界普遍认知中的轻松惬意，而是承载着源自生活、教学职责、科研探索等多个维度的沉重压力。尤其值得关注的是，近年来教育改革步伐不断加快，现代教育技术手段日新月异，各级各类教育体系涌现出众多新兴特征，这些变革不仅为教师群体开辟了前所未有的发展机遇，促进了教师专业发展，同时也施加了巨大的心理负担。因此，针对教师所面临的压力实施有效管理，实现压力向动力的积极转化，对于推动教师的专业成长与全面发展具有至关重要的意义。

本书共设置了八章：第一章论述了教师与教师专业发展的相关知识；第二章论述了教师专业发展的理论探析，为教师专业发展提供强有力的理论支撑；第三章围绕教师的专业知识与专业能力展开介绍；第四章提出了教师专业发展的有效路径；第五章简要分析了教师压力及相关理论，为后续研究奠定理论基础；第六章重点论述了压力对教师发展的影响，强调压力管理对于教师的重要性；第七章对教师压力源进行了分析，为有效应对工作压力奠定基础；第八章从社会、学校、个人、技术四个方面，提出有效管理教师压力的对策。本书由吕梁学院冀惠、李旭红共同撰写完成。具体分工如下：冀惠负责第一章至第四章的内容（共计 12.1 万字）；李旭红负责第五章至第八章的内容（共计 12.1 万字）。全书由冀惠负责完成统稿工作。

本书的特点：第一，选题比较新颖，目前有关教师压力管理的选题比较缺乏，本书的选题对于读者来说具有较强的吸引力。第二，在内容上与时俱进，紧跟时代发展潮流，密切关注相关领域的前沿动态，积极应用新的理论研究成果，使读者可以更清晰地了解教师专业发展与压力管理的相关内容。第三，结构精心编排，既有翔实的内容，又提供了一些可行性策略，帮助广大读者掌握专业发展和压力的知识，以及实现专业发展、管理自身压力的有效方法。

本书是教育工作者的必备读物，也可供从事科研、教学等领域的人员使用。笔者在撰写过程中借鉴和参考了大量学者的文献资料，在此向他们表示衷心的感谢！同时，由于时间比较仓促，加之笔者写作水平有限，所以书中难免存在不足与疏漏之处，衷心希望广大读者提出有建设性的意见和建议，从而使本书得到进一步完善。

目 录

第一章　教师与教师专业发展

教师作为教育活动的基本要素，其专业发展对教育质量具有决定性影响。教师专业发展是一个持续不断、动态变化的过程，旨在提升教师的教学技能、教育理论知识、劳动道德及教育创新能力。本章从教师与教师劳动、教师的社会作用、教师专业发展概述与教师专业发展理念四个方面展开论述。

第一节　教师与教师劳动

一、教师的含义

教师是教育活动的基本要素之一。关于教师的定义，古代主要是从教师职责的角度进行说明，如韩愈在《师说》中所提到的"师者，所以传道授业解惑也"，而到了现代，对教师含义的解释更多从国家法律法规的角度进行说明，如 1994 年施行的《中华人民共和国教师法》第一章第三条明确了"教师是履行教育教学职责的专业人员，承担教书育人，培养社会主义事业建设者和接班人、提高民族素质的使命。教师应当忠诚于人民的教育事业。"

（一）教师的语义学含义

从语义学的角度来看，"教"和"师"两个字各自承载着丰富的文化内涵和历史演变。

"教"字最初是一个会意字，其甲骨文结构包括了一只手拿教鞭（或棍棒）的形象，下方是一个"子"（小孩），象征着教育和训诫的过程。这个字的本义涉及了教育、训导和传授知识的行为。在古代，"教"也与施教、政教、教育、教令相关，强调的是上对下的影响和指导。随着时间的推移，"教"字的含义扩展到了效法或学习，意味着不仅是教育他人，也包含了个人的学习和发展。[①]

"师"字在古代最初指军队的编制单位，后来发展成为军队中的长官，即领导者和指挥者。由于军事长官在古代也是教育和训练士兵的人，因此"师"字逐渐引申为教导贵族女子的女教师，进一步发展成为泛指传授知识、技能的人，即老师。在《说文解字》中，"师"被解释为"二千五百人为师"，这里的"师"已经具有了"众"的含义，即人群或团体的领导者。[②]此外，"师"字还与榜样、模范有关，因为教师或领导者往往被视为值得效仿的典范。

综合来看，"教师"一词融合了"教"和"师"的语义，不仅指传授知识、技能的人，也包含了引导、训诫、效法和榜样的多重含义。教师的角色不仅限于知识的传递，还涉及价值观的塑造、品德的培养以及个人成长的引导。在语义学上，"教师"是一个包含了教育、领导、榜样和学习等多个维度的综合概念。

（二）"教师"的社会学含义

在社会学中，"教师"指在学校中专门从事教育教学活动的特定角色，以及与教育活动相关的各种行为规范与行为模式的系统。当"教师"代表一种社会角色时，具有三种含义：其一，指特定的社会人，这种人在学校这个特定场所中从事教学活动。在学校场所中劳动，但从事的并不是教育教学劳动的人不能称之为"教师"。其二，指教师的行为规范。提到"教师"时，人们所联想到的往往是教师的角色行为，如讲课、备课、组织教学活动、批改作业等，或是教师应具备的基本素质与能力。其三，指教师行为模式的系统，如上课的环节、班级管理的程序、教学评价的方法等。

（三）"教师"的教育学含义

在教育学中，"教师"是教育活动中的基本要素之一，它与"学生"一样是教育活动中不可或缺的构成要素。"教师"被理解为一个多维的角色，他们不仅是知识的传递者和智慧的启迪者，更是学生学习过程中的引导者、合作者和参与者。教师通过设计和实施教学计划，运用各种教学方法和策略，激发学生的学习兴趣和创造力，帮助学生构建知识体系，培养批判性思维和解

---

① 左民安.细说汉字[M].北京：九州出版社，2006.
② 许慎.说文解字[M].汤可敬，译注.北京：中华书局，2018.

决问题的能力。同时，教师承担着塑造学生价值观、情感态度和道德观念的责任，通过自身的言传身教，成为学生学习模仿的榜样。

在现代教育中，教师的角色在不断扩展，他们不仅是课程的执行者，更是课程的开发者和创新者，需要不断更新教育理念，适应教育技术的发展，以满足不断变化的教育需求。教师的劳动不仅限于课堂，还包括对学生的个别指导、心理辅导以及与家长和社区的沟通合作，共同促进学生的全面发展。因此，教师在教育学中的含义是复杂而丰富的。

二、教师劳动的产生

教师劳动是随着学校的出现而产生的。而学校产生的先决条件是文字，文字诞生后逐渐形成了专门进行组织教学的场所——学校，因此出现专门从事教育劳动、根据文献传播知识的教师。

从文字产生的视角，我们可以了解学校和教师劳动产生的原因。人类早期的社会生活中，因各种记事和传递信息的需要，原始的记事方法应运而生。原始社会末期的繁多事务与频繁交往，推进了记事工具的迭代与革新，为文字的发明创造了条件。最初，文字是以图形的形式呈现，即人们根据事物的形象画出简单的图形，从而便于记忆，之后产生了象形文字、表意文字与表音文字。文字不仅能为人们处理日常事务提供便利，还能帮助人们学习其他知识。古代的文字不仅书写难度较大，辨识起来也非常困难，往往需要通过较长的时间去学习才能熟练掌握，且只有熟练掌握文字，才能学习文字所承载的知识。此外，造纸术、印刷术发明以前，知识的保存与传播主要通过人工抄写实现，文字的出现与发展，促进了知识的记录和传播，使教育不再局限于口头传授，而可以通过书面形式进行。因为文字的掌握并不容易，需要专门的人员和场所开展文字教学，这要求有掌握文字的施教的专门人员和场所，从而推动了教师劳动的规模化发展。

其实，教师劳动对文字的作用不容忽视。教师作为教育的实施者和传播者，通过教育活动，不仅传授了文字知识，还促进了文字的规范化和标准化。教师在教学过程中，对文字的使用和传播起到了关键作用，他们通过教学活动，使文字得以在社会中广泛传播和应用。特别是在现代社会，教师在推广汉字规范，汉字习得与认知研究，汉字教学的理论、方法研究与实践等方面发挥了重要作用，进一步拓宽了汉字研究的领域。教师劳动的发展，在一定程度上推动了文字的演变和完善，使文字能够更好地服务于教育和社会发展的需要。

三、教师劳动的基本特点与教师职业的特殊价值

与其他劳动相比，教师劳动有其自身的独特性，教师职业也有其特殊的价值。

（一）教师劳动的特点

了解教师劳动特点是正确认识教师劳动的重要基础。各种教育学的论著中，对教师劳动的特点有不同的提法，如教师劳动特点、教师劳动特征、教师专业特性等。王毓珣和王颖（2015）[①]从形式逻辑的视角比较了不同的提法，教师劳动是处于上位的概念，是宏观层次并统领其他的概念，而教师专业是下位概念，属于微观层次，教师劳动是中位概念，联结上位概念和下位概念。参照这个标准，本书聚焦上位概念即从劳动层次分析教师劳动的特点。

关于教师劳动的特点，不少教育理论研究者提出了不同的看法，概括而言主要体现为复杂性、示范性、创造性、集体性和长期性，如图 1-1 所示。

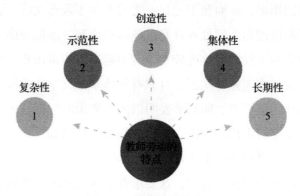

图 1-1　教师劳动的特点

1. 复杂性

与工业流水线生产的精密性及可重复性不同，教师劳动主要是人对人的劳动，教师需要用自身的知识与道德去影响学生，促进学生的全面发展，实

[①]　王毓珣，王颖. 教师劳动特点新解 [J]. 教育科学，2015，31（6）：14-18.

现心灵与心灵之间的沟通与交流，因此，教师劳动具有复杂性。

教师劳动的复杂性体现在多个层面。首先，教师劳动的对象是具有独特个性和差异的学生，每个学生都有自己的成长背景、知识基础、兴趣爱好和学习能力，这要求教师在教学过程中必须充分考虑到个体差异，采取不同的教学策略和方法以满足不同学生的需求。其次，教师劳动的内容是多个方面的，不仅包括知识的传授，还涉及学生的思想品德教育、情感态度培养以及身心健康发展等方面，这要求教师不仅要具备扎实的学科知识，还要有良好的教育学、心理学等相关知识，以便更好地指导和帮助学生全面发展。再次，教师劳动的过程是动态变化的，随着社会的发展和教育改革的深入，教师需要不断更新自己的教育理念和教学方法，以适应教育发展的新要求。此外，教师劳动的环境是复杂多变的，教师不仅要在校内进行教学劳动，还要参与校外的学术交流、教育研究等活动，这要求教师具备较强的社会交往能力和自我发展能力。最后，教师劳动的效果具有滞后性和间接性，教师劳动的成果往往需要较长时间才能显现出来，而这种成果往往是通过学生的成长和发展间接体现出来的，这要求教师具有长远的教育眼光和耐心，能够持之以恒地投入到教育劳动中去。

总之，教师劳动的复杂性是由教育对象的特殊性、教育内容的多样性、教育过程的动态性、教育环境的复杂性以及教育效果的滞后性和间接性共同决定的，使教师劳动成为一种极具挑战性和创造性的劳动。教师劳动的复杂性要求教师谨慎地对待教育教学劳动，因为稍有偏差就有可能对学生的发展产生重要影响。

2. 示范性

对学生而言，教师不仅是向其传授知识的人，还是其道德上的重要榜样。教师的一言一行都会对学生产生重要影响，因此，教师劳动具有示范性，即教师通过自己的言行举止、知识水平、道德情操、教学风格等，对学生产生直接或间接的影响和示范作用。这种示范性是教师劳动特有的，它不仅体现在教师在课堂上的直接教学行为上，也体现在教师日常生活中的点点滴滴中。因此，教师必须具备良好的劳动素养和道德操守，以身作则，为学生树立正确的价值观和行为准则。教师的示范性作用，不仅能促进学生学习知识，还能影响学生的情感、态度和价值观的形成。

在学生的成长过程中，教师的示范性作用是不可替代的，它能够潜移默化地影响学生的全面发展。教师通过自己的专业能力和教育智慧，能够激发学生的学习兴趣，引导学生形成正确的学习态度和方法，培养学生的创新精神和实践能力。同时，教师的道德情操和人格魅力，能够培养学生的道德观念和审美情趣，帮助学生形成健全的人格和良好的社会适应能力。由于学生具有"向师性"，以模仿教师为主要的学习方式，所以，教师应该在各个方面做学生的榜样，以促进学生的全面发展。总之，教师劳动的示范性是教师劳动的核心特征之一，它要求教师不仅要有扎实的专业知识和高超的教学技能，还要有高尚的道德情操和健全的人格，以自己的实际行动为学生树立榜样，引导学生健康成长。

3. 创造性

教师劳动既有规律可循，又是充满创造性的艺术。教学过程中的任何一个环节都离不开教师的创造性劳动，它体现在教师对教学内容、教学方法和教学过程的不断创新和改进上。首先，教师需要根据教育目标和学生的实际需求，创造性地设计教学计划和教学活动，这要求教师不仅要有扎实的学科知识，还要有对教育理论的深刻理解和对教育实践的敏锐洞察力。其次，教师在教学过程中需要根据学生的反馈和学习情况灵活调整教学策略，这种即时的创造性调整是提高教学效果的关键。此外，教师需要创造性地运用多种教学资源和手段，如多媒体技术、网络资源等，以激发学生的学习兴趣和参与热情。在面对不同学生的个性和需求时，教师的创造性体现在能够提供个性化的教学支持，帮助每个学生发挥其潜能。教师的创造性还体现在对教育问题的解决上，他们需要创造性地解决教学中遇到的各种问题，如学生行为问题、学习动力不足等。这种创造性不仅要求教师具备专业技能，还要求他们具备情感智慧和人际交往能力。

教师劳动的创造性是教师专业发展的核心，它要求教师不断学习、反思和创新，以适应不断变化的教育环境，满足学生多样化的学习需求。教师只有掌握教育艺术，充分发挥自己的教育智慧进行创造性劳动，才能取得理想的教学效果，培养出具有创造性的学生。

4. 集体性

教师劳动的集体性是教育活动中非常重要的特点，它体现在教育劳动的协作性和团队性上。在教育教学中，虽然每位教师都是在特定时间内单独作用于学生发展的，但学生的发展是教师集体合作的综合成果。每位教师对学生产生的影响，无论大小，都是重要且有限的。在现代教育体系中，教师的劳动不是孤立的个体行为，需要多个教师、不同学科之间以及教师与学校其他劳动人员之间的密切合作。因此，每位教师只有以其他教师的劳动为基础，形成合力，才能发挥出更大的作用。从这个意义上说，教师劳动具有集体性。

集体性首先表现在教学计划的制订和执行方面，一个学科的教学计划往往需要多个教师共同讨论、协商，以确保教学内容的连贯性和系统性。同时，教师在教学过程中需要相互支持，共同解决教学中遇到的问题，如学生学习困难、教学资源的分配等。此外，教师需要与学校管理层、家长以及社区合作，共同为学生的成长和发展提供支持。在学生管理方面，教师集体性体现在对学生行为规范的共同维护上，需要教师间相互配合，形成统一的教育和管理标准。在教育研究和改革方面，教师集体性体现在教研活动的开展上，教师通过集体备课、教学观摩、教学研讨等方式，共同提升教学质量和教育水平。这种集体性不仅能够提高教育效率，还能够促进教师的专业成长，增强教师团队的凝聚力。总之，教师劳动的集体性是现代教育不可或缺的一部分，它要求教师间相互尊重、相互支持，共同为提高教育质量而努力。

5. 长期性

人才的成长与发展需要经历较长的周期，所以教师的劳动成果往往需要很长的时间才能真正体现出来，且这种效益会对学生的一生，乃至整个国家、社会产生长期影响，因此，教师劳动具有长期性。长期性也可以称为迟效性，它体现在教育过程的持续和深远影响上。

教育不是一蹴而就的，而是一个长期的、渐进的过程，需要教师持续不断地投入时间和精力。首先，教师需要花费大量的时间准备教学内容，包括深入研究教材、设计教学方案、制作教具等，以确保教学内容的准确性和有效性。其次，教师在教学过程中需要不断地观察和评估学生的学习进度及理解程度，这需要耐心和细致的观察力，以便及时调整教学方法和策略，确保学生能够跟上学习进度。此外，教师需要关注学生的全面发展，包括情感、社交和道德等非智力因素的培养，这同样需要长期的投入和关注。教师的劳动不仅仅是传授知识，更重要的是引导学生形成正确的价值观和世界观，这需要教师在学生的成长过程中持续地提供指导和支持。教师的长期性劳动还体现在对学生未来的影响上，教师的教育和引导可能会对学生的一生产生深远影响，这种影响是难以量化的，但却是存在的。因此，教师的劳动不仅是在课堂上的短暂互动，更是一个长期、持续的过程，它要求教师具备持久的耐心、深厚的专业知识和对学生的深切关怀。此外，学生的培养也是一个反复的过程，教师应允许学生犯错，并为其提供改正与发展的机会，这要求教师要坚定信念，注重学生的长期发展。

（二）教师职业的特殊价值

1. 传承、传播、发展文化的价值

教师职业承载着传承、传播、发展文化的特殊价值。教师主要通过向学生传授教学内容来完成教学活动，因此，教学内容是教师与学生发生作用的重要中介。从广义层面上看，教学内容不仅包括书本知识，还包括教师人格、素质等因素，而这些都属于文化因素。因此，从这个角度看，教学的过程是教师将经过筛选的优秀文化传递给学生的过程，传递的过程包含了对文化的传承、传播和发展等方面。

在传承文化方面，教师的角色不可或缺。他们通过讲述历史故事、分析文学作品、解读艺术作品等方式，让学生感受到文化的深厚底蕴和独特魅力。"问渠那得清如许？为有源头活水来"，教师就是那源源不断的活水，他们将文化的清泉引入学生的心灵，使其清澈而富有活力。

在传播文化方面，教师的作用同样重要。他们通过组织各种文化活动，将文化知识带出课堂，让更多的人接触和了解文化。周谷城在《论中西文化的交融》中提到："文化交流，只能是相互渗透，决不会由一方取对方而代之。"教师正是这种相互渗透的媒介，他们促进了文化的交流与融合，增强了文化的包容性和影响力。

在发展文化方面，教师不仅是知识的传递者，更是文化的解读者和创新者。教师要鼓励学生对文化进行批判性思考，提出自己的见解和创意。正如张君劢在《立国之道》中所说："一方面对于自己的文化肯自我批判，另一方面对于别国文化经审查之后，再定去取；如此庶几可以找到自己的出路。"[1] 教师

---

[1] 何祚. 现代名言精选 [M]. 上海：上海辞书出版社，2003.

通过自我批判和对别国文化的审视，帮助学生找到文化的融合点和创新之路。

教师通过教学活动，不仅传授知识，更传递文化的价值和精神，为文化的传承和发展做出了重要贡献。正如费孝通所言："文化不仅仅是一种审美意识，更是一种责任感。"[①] 教师是这种责任感的承载者和实践者，他们通过自己的努力和智慧，为文化的繁荣和发展贡献着力量。

2. 对个体发展的价值

人的生命可以分为自然生命、文化生命、社会生命。其中，自然生命是父母赐予的，文化生命是教师给予的，而社会生命是由自然生命与文化生命共同构成的。人只有在接受教育后，个体的生命才能完整，由此可见，教师在促进个体的成长与发展方面有着特殊的价值。

首先，教师在培养学生的价值观和道德观方面扮演着重要角色。他们通过自身的榜样作用和教学内容的引导，帮助学生形成正确的世界观、人生观和价值观。教师通过讨论、辩论和反思等教学活动，培养学生的批判性思维和社会责任感。这种价值观的培养对学生成为有责任感和有道德的社会成员至关重要。

其次，教师通过课堂教学，为学生提供了一个系统的学习框架，帮助学生建立起坚实的知识基础。在这个过程中，教师不仅仅是知识的传递者，更是学习兴趣的激发者。教育界流传的一句话"教育的本质是一棵树摇动另一棵树，一朵云推动另一朵云，一个灵魂唤醒另一个灵魂"，说明教师通过自己的热情和专业，激发学生对知识的渴望，引导他们主动探索和学习。

再次，教师在学生个性发展中起着不可替代的作用。他们通过观察和了解每个学生的特点和需求，提供个性化的指导和支持。这种个性化的关注有助于学生发现自己的兴趣和特长，培养自信和独立思考的能力。教师的鼓励和支持对学生自我认同的形成至关重要，教师通过日常的互动，让学生在实践中学习和成长，使教育成为学生生活的一部分。

最后，教师帮助学生发展社会适应能力。在学校这个小社会中，教师通过组织各种团队活动和合作学习，培养学生的沟通能力、团队合作精神和解决问题的能力。这些技能对学生未来的社会生活和职业发展至关重要。教师

---

① 费孝通. 文化自觉的思想来源与现实意义 [J]. 文史哲，2003（3）：15–16+23.

通过模拟社会情境，让学生在安全的环境中尝试并从中学习，为学生将来面对真实世界的挑战做好准备。

教师在个体发展方面的特殊价值也是多维度的，他们通过传授知识、培养学生的个性、价值观和社会适应能力，逐步促进学生个体的全面发展。

3. 对社会的导向价值

教师不仅影响着一代又一代学生的发展，还在一定程度上影响着社会风气的形成。社会所提倡的主流思想、价值观等都会在教师的教育教学中有所体现。因此，从某种意义上说教师是社会道德、文化、精神的一面大旗，对社会具有一定的导向价值。

除以上几种价值外，教师还具有怡情价值、自我实现价值、劳动保障价值等。全面认识教师职业的特殊价值，不仅有利于提高教师的社会地位与待遇，还有利于教师价值得到更有效、充分的发挥。

第二节　教师的社会作用

无论处在什么样的时代，社会都面临着一个重要问题，即将人类长期积累下来的经验、知识、思想意识等传递下去，使年轻一代接替老一代，继续推动社会的发展。而教师正是完成这项任务的重要人选。教师既是人类经验、文化、思想的传播者，又是未来社会接班人的培育者。教师的社会作用主要体现在三个方面，如图 1-2 所示。

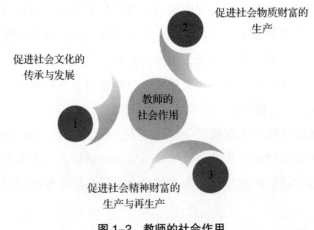

图 1-2　教师的社会作用

一、促进社会文化的传承与发展

在漫长的社会实践过程中，人类积累了大量经验，创造了灿烂的科学文化。后人只有在继承前人科学文化成果的基础上，才能不断突破、创新，走向更高阶的文明。然而，想要将人类长时间积累下来的精神财富更好地传承下去，就必须依靠专门从事教育活动的教师才能实现。在教学过程中，教师将人类社会所积累的精神财富总结起来，并通过特定的形式传授给学生，使其能够在较短时间内适应社会的实践活动，接替上一辈的工作，延续社会的发展。如果没有这个"教"的过程，新生一代做任何事都必须从头做起，那么人类社会也就无法得到更快、更好的发展。由此可见，教师在人类社会延续、发展以及社会文化成果继承等方面发挥着巨大作用。

（一）教师是促使教育生成与文化传播的重要因素

教师是知识传递的桥梁，是智慧启迪的引导者，更是学生个性发展和社会适应能力培养的关键力量，是促进教育生成的核心。在教育生成的过程中，教师不仅是学科知识的传授者，更是学习过程的设计者和组织者。他们通过精心设计的教学计划和活动，将抽象的理论知识与学生的实际经验相结合，使学生能够在理解的基础上掌握知识，进而培养独立思考和解决问题的能力。

教师在教育生成中的作用体现在他们对学生学习动机的激发和学习兴趣的培养上。通过创设富有吸引力的学习环境和采用多样化的教学方法，教师能够激发学生的学习热情，引导他们主动探索和发现，从而在学生心中播下终身学习的种子。正如美国教育家约翰·杜威所说："教育不是生活的准备，教育就是生活本身。"教师通过将教育融入学生的生活，使其成为学生成长过程中不可或缺的一部分。

教师在教育生成中承担着价值观塑造和道德教育的重任。他们通过言传身教，引导学生形成正确的世界观、人生观和价值观，培养学生的社会责任感和道德判断力。在多元化和全球化的背景下，教师还肩负着培养学生跨文化交流能力和国际视野的使命，为学生未来在全球化世界中的成功打下坚实基础。

教师在教育生成中的角色体现在他们对学生个体差异的尊重和满足上。

他们通过个性化的教学策略，关注每一个学生的成长和发展，帮助学生克服学习障碍，发挥个人潜能。这种对学生个体差异的关注和尊重，不仅有助于学生学业成绩的提高，更有助于学生自信心和自我价值感的建立。

教师是促进文化传播的重要因素。文化传播指文化由一个区域向另一个区域进行空间上的扩散。文化的产生主要受人类社会生产与生活实践的影响。教师的主要任务是向学生传授系统化、理论化、观念化的知识，而教师在教学过程中定然会将人类生产、生活所积累的经验转化为书本知识，或者对人类文化成果进行提炼与总结，使之形成一定的文化体系。这种文化体系一旦形成，便会成为通过教学活动传授给下一代，成为他们创新、发展的基础。此外，教师在社会不同区域的流动也是文化传播的过程。随着不同国家、不同区域之间交往的日益密切，教师的流动性变得越来越强。教师的流动能够使不同国家、不同区域的文化得到传播与移植，从而引发文化内容结构的变化。

（二）教师影响着文化的发展方向

教师对文化发展方向的影响是深远的，主要体现在他们对文化的选择和传播上。文化的选择不仅仅是一个简单的撷取与排斥的过程，还涉及对文化价值的深刻理解和判断。虽然文化的选择需要以社会政治、经济发展为前提，但教师在这个过程中扮演着至关重要的角色。教师的文化选择不仅限于将那些有价值的文化融入学校教育体系中，更在于对本民族的优秀文化进行传承和弘扬，同时开放心态，融合和吸收其他民族有价值的文化元素，实现对原有文化模式的优化与重构。

教师对文化的选择可分为两种类型：一是从社会需求出发进行文化选择，这种选择通常与较大规模的文化革新思潮相联系，反映了社会对于文化发展的宏观需求和趋势。教师在这一过程中，需要敏锐地捕捉社会变化的脉搏，将那些能够促进社会发展和进步的文化元素引入教育体系，以满足社会对于新型人才的需求。二是从教育角度出发进行文化选择，这种选择更加注重教育价值，需要以是否有利于学生全面发展为选择标准。教师需要评估各种文化内容对学生认知、情感、道德等方面的影响，应选择那些能够促进学生综合素质提升的文化内容。

教师的文化选择不仅影响着学校教育的内容和方向，还在对现有文化进行评价和分析的基础上，调整社会文化的发展方向，促进社会意识形态的变革与发展。教师通过教育实践对文化进行筛选和重组，使之更加适应时代的需求和学生的成长。在这个过程中，教师不仅是文化的传承者，更是文化的创新者。他们通过自己的专业判断和教育智慧，对文化进行批判性的思考和创造性的转化，使之更加符合教育的目标和社会发展的方向。

教师的文化选择具有长远的影响。他们通过教育活动，将文化价值观和文化精神传递给学生，影响着学生的思想观念和行为模式。这种影响不仅局限于学生在校期间，更会伴随学生的一生，成为他们认识世界、理解生活的重要基础。

教师的文化选择，也关系到社会的未来发展和文化的传承。在全球化的背景下，教师的文化选择显得更加复杂和多元。他们需要在尊重文化多样性的同时，识别和选择那些具有普遍价值的文化元素，以培养学生的国际视野和跨文化交流能力。教师的文化选择不仅要考虑本土文化的传承和发展，还要考虑如何在全球化的背景下，实现文化的交流和融合。

教师在文化发展方向上的影响是多方面的，他们通过文化选择和教育实践，不仅影响着学校教育的内容和质量，还对社会文化的发展方向和社会意识形态的变革及发展产生着深远的影响。教师的文化选择是一种责任，也是一种力量，它关系到文化的传承、创新和发展，关系到社会的和谐与进步。教师的文化选择，需要更加谨慎和深思熟虑，以确保文化的健康发展和社会的长远利益。

二、促进社会物质财富的生产

虽然教师劳动属于精神生产的范畴，但作为新型劳动者的培养者，教师对社会物质财富的生产能产生一定的积极作用。

（一）开发人力资源

人力资源的内涵既包括个体的知识、技能和经验，也包括个体的态度、品德和社会责任感。教师通过系统的教育教学活动，能够有效地提升学生的综合素质，使他们具备适应社会和经济发展的能力，实现开发人力资源的目的。

首先，教师在教育过程中，帮助学生掌握必要的科学技术知识，这是开发人力资源的基础。现代社会对劳动者的要求越来越高，简单的体力劳动逐渐被复杂的脑力劳动所取代。教师通过传授科学知识和技术技能，使学生能够从事更高层次的工作。例如，在职业教育的课程教学中，教师不仅教授理论知识，还注重实践操作，帮助学生在真实的工作环境中锻炼技能。这种实践与理论的结合，使学生能够更好地适应未来的工作需求。教师通过职业生涯规划和指导，帮助学生明确自己的职业目标和发展方向，并且根据学生的兴趣和特长，提供个性化的建议和支持。这种指导不仅帮助学生在学业上取得成功，更为他们的职业发展奠定了基础，使他们在未来的职场中更具竞争力。

其次，教师培养了未来人才的创新能力和批判性思维。正如爱因斯坦所说："想象力比知识更重要。"教师通过鼓励学生提出问题、进行探究和实验，培养他们的创造性思维。这种能力的培养不仅有助于学生在学术上的成功，更为他们未来的职业生涯奠定了坚实的基础。教师通过设计开放性的问题和项目，让学生在解决实际问题的过程中，锻炼他们的创新能力和团队合作精神。

最后，教师塑造着未来人才的价值观和道德观。教师不仅是知识的传递者，更是学生道德教育的引导者。通过课堂讨论、案例分析等方式，教师帮助学生理解社会责任和道德规范，培养他们的社会责任感和公民意识。这种价值和道德观的培养，使学生在未来的工作中能够做出符合社会期望的选择，成为对社会有贡献的人才。

在全球化的背景下，教师通过引入国际视野和跨文化交流的内容，帮助学生拓宽视野，增强了他们的国际竞争力。这种文化的融合与交流，不仅丰富了学生的知识体系，也为他们未来的职业发展提供了更多机会。教师既是教育的实施者，也是人力资源开发的重要推动者，可以说，教师的努力程度决定着人力资源队伍的水平。

（二）提高劳动者的生产效率

提高劳动者的生产效率对于个人、企业、国家乃至全球社会都具有深远的影响，它是实现经济繁荣、社会进步和可持续发展的关键。教师对于提高劳动者的生产效率，具有原点功能。

教师能够提升劳动者的科学技术知识和专业技能。教育通过提高人力资本质量推动全要素生产率的提升，促进经济增长。[①] 全要素生产率指物质资本和劳动力的量的投入所不能解释的那部分经济增值，其中，人力资本是驱动全要素生产率提升的重要成分。[②] 教师通过提高劳动者的认知技能和非认知技能，进而提高工人在生产中的劳动生产率，这是促进经济增长的重要途径之一。认知技能包括熟练的读写算能力、良好的文化和科学技术素质、分析和解决问题的能力，而非认知技能包括良好的道德规范和社会表现、适当的职业期望、有效的时间管理、积极的工作态度、规范的劳动行为和善于与人合作的团队精神等。随着受教育水平的提高，劳动者能够更快地接受和掌握工作岗位培训，在获得和提高生产技能方面的时间会相应地减少，而且能够更快地熟悉新的生产设备，掌握新的操作技术，从而进一步促进劳动生产率的提高。教育不仅能提高劳动者在从事标准化的工作任务方面或者从事更复杂、要求更高的生产活动方面的劳动生产率，而且能提高整个工作组织的生产能力。受过良好教育的劳动者能够更有效率地分配和使用各种资源。在使用各种生产性资源的过程中，劳动者常常要做出各种各样的决定，这些决定影响着劳动生产率。受过更多教育的个人，其获取、分析和处理生产过程中的各种信息的能力更强，而这些信息及资源的有效使用与降低相对成本密切相关，从而更有利于提高劳动生产率。

在数字化时代背景下，教师不仅要传授本民族的优秀文化，还需要引导学生理解和尊重其他文化。教师通过引入国际视野和跨文化交流的内容，帮助学生拓宽视野，增强他们的国际竞争力。教育数字化是以数字技术促进教育全流程、全领域变革，涉及教育环境、教学内容、教学方法、教学评价等诸多要素，围绕"学技术"和"用技术学"，创新人才培养体系和教育教学模式，帮助学生发展适应数字时代的人机协同能力、问题解决能力、创新能力等高阶能力，为新质生产力提供源源不断的高素质劳动者。

（三）促进社会物质财富的再生产

教师在促进社会物质财富再生产方面的作用是间接的，但却是不容忽视的。首先，体现在帮助劳动者树立正确的劳动价值观方面。通过教育实践，

---

① 徐华军. 推动劳动教育创新 厚植新质生产力发展的人才基础 [N]. 光明日报，2024-08-12（06）.
② 夏明. 高校教师人力资源管理模式论略 [J]. 继续教育研究，2016（11）：98-99.

教师不仅传授知识，更是在培养学生的劳动精神和创新能力，这对于劳动者参与生产活动、进行技术革新和创造新的价值具有重要意义。其次，教育的目的是使劳动者不仅能够适应当前的生产需求，而且能够预见和引领未来的发展趋势。

教师通过课堂教学与教育实践逐步培养学生的劳动意识和职业精神。在课堂上，教师通过讲解劳动的重要性和价值，使学生认识到劳动不仅是谋生的手段，更是实现自我价值和社会价值的途径。通过实践活动，如实习、志愿服务等，教师让学生亲身体验劳动的过程，感受劳动成果带来的成就感，从而激发他们对劳动的热爱和尊重。

教师基于各种形式的教学活动培养学生的创新意识和创造能力。在科学技术日新月异的今天，创新已成为推动社会进步的关键动力。教师通过引入最新的科研成果和技术动态，激发学生的好奇心和探索欲，鼓励他们提出新观点、新方法。通过项目式学习、研究性学习等教学模式，教师引导学生动手实践，解决实际问题，培养他们的创新思维，提高解决问题的能力。

教师在教学中引介各种最新研究成果，促进了科学知识的传播和应用。在知识经济时代，知识的积累和创新已成为最重要的生产力。教师通过教学活动，将前沿的科学知识传授给学生，使他们能够掌握最新的技术和方法，为社会的物质财富再生产提供智力支持。教师通过科研活动，将理论知识转化为实际应用，推动科技成果的转化和产业升级。

尽管 AI 时代教师的可替代性一度成为热议的话题，但事实上，很多专家都认为随着时代的发展，教师的作用不仅没有减弱，反而变得越来越重要，教师不会被替代，只是教师的角色需要迭代与更新。在全球化和信息化的背景下，知识更新的速度越来越快，教师需要不断更新自己的知识体系，以适应教育的新要求。教师通过终身学习，不断提升自己的专业素养，以更好地指导学生，帮助他们适应快速变化的社会和经济环境。

教师通过教育实践，不仅帮助劳动者树立正确的劳动价值观，更是在培养他们的创新精神和实践能力，这对于促进科学知识和社会物质财富的再生产具有重要意义。教师的劳动不仅影响着学生的未来，也影响着国家的发展和社会的进步。在知识经济时代，教师的作用越来越凸显，他们通过教育和科研活动，为社会培养出一批又一批具有创新精神和实践能力的高素质劳动

者，为社会经济的发展提供了强大的人力支持。

三、促进社会精神财富的生产与再生产

精神财富主要包括两方面内容：一是教育科学文化建设；二是思想道德建设。社会精神文明建设离不开丰富的精神财富与优秀的精神财富创造者。虽然从一般意义上讲，社会上的一切成员既是物质财富的创造者，也是精神财富的创造者，但精神财富的创造离不开能够从事思想、文化建设的专业人才。而这些专业人才主要是通过教师劳动培养出来的。

教师是文化资本的积累者和传播者。如布尔迪厄所指出的，"教育有助于维护一个不平等的、分化的阶级社会，并使之合法化"。教师通过教育实践，将科学文化知识传递给下一代，实现知识的再生产和社会文化的传承。

教育科学文化再生产的过程中，教师的作用体现在对科学知识的系统传授上。他们通过教学活动，使学生掌握前人积累的科学文化知识，为社会的物质财富再生产提供智力支持。习近平总书记指出："扎实的知识功底、过硬的教学能力、勤勉的教学态度、科学的教学方法是老师的基本素质，其中知识是根本基础。"教师通过不断学习和自我提升，完善知识体系，优化知识结构，以适应数字化时代对教师素质能力的新要求。

教师在教育科学文化再生产中承担着创新和批判的职能。他们不仅仅是传承知识，更在教学过程中鼓励学生批判性思考和创新实践。这种创新精神的培养，对于推动科学技术的进步和社会文化的发展具有重要意义。教师应"主动适应和把握数字化引领教育变革创新的时代浪潮，不断提升自身数字素养和数字教育能力"，以实现教育的高质量发展。

在思想道德再生产方面，教师的作用同样不可或缺。他们不仅是道德规范的传授者，更是道德行为的示范者。教师通过自身的言传身教，影响和塑造学生的价值观和道德观。"道德当身，故不以物惑"，强调了道德的重要性和教师在道德教育中的关键角色。

教师在思想道德再生产中的作用体现在对学生品德教育的重视上。他们通过课堂教学和日常行为，向学生传授社会公德、职业道德、家庭美德和个人品德，引导学生形成正确的价值判断和道德责任感。这一点在党的十八大报告中得到了体现，强调了"加强社会公德、职业道德、家庭美德、个人品

德教育，弘扬中华传统美德，弘扬时代新风"。

教师通过组织和参与各种道德实践活动，如学雷锋志愿服务、诚信建设活动等，引导学生从小事做起，从身边做起，实践道德规范，提升道德素质。这种实践活动的开展，不仅有助于学生个人品德的培养，也有助于社会风气的改善和社会文明的进步。

教师在教育科学文化再生产和思想道德再生产中发挥着核心作用。他们通过知识传授、创新实践、品德教育和道德实践活动，不仅培养了学生的科学文化素质和道德素质，也为社会的可持续发展提供了坚实的人才支持和道德支撑。教师思想政治工作和师德师风建设是"凝心铸魂、立德树人的基础性工程"。

第三节　教师专业发展概述

一、职业、专业与专业化

（一）职业

职业是随着社会生产力水平的不断提高与社会分工的发展而出现的。在原始社会中，生产力较低，未出现社会分工，所以不存在职业。之后，生产力水平提高，手工业逐渐从农业中独立出来，随着商业的诞生等一系列发展变化，职业应运而生并开始不断发展。如今，生产力高度发达，职业种类繁多，且还在不断产生很多新兴职业。

《中华人民共和国职业分类大典》指出，职业是从业人员为获取主要生活来源所从事的社会工作类别。

职业主要具备以下特征：其一，职业活动以获得现金或实物等报酬为目的；其二，职业是从业人员在特定社会生活环境中所从事的一种与其他社会成员相互关联、相互服务的社会活动；其三，职业在一定的历史时期内形成，并具有较强的生命周期；其四，职业活动必须符合国家法律与社会道德规范；其五，职业必须具有一定的从业人数。[①]

（二）专业

专业是随着社会分工、职业分化而出现的，是社会发展到一定程度的产

---

① 秦朝钧，冯方，邹文娜. 职业化养成理论与实践 [M]. 武汉：华中科技大学出版社，2009.

物。专业通常具有以下重要特点：其一，从业人员应该接受长时间的、严格的职前专业教育以及不间断的职后进修；其二，专业应该拥有一个健全的组织，业内人士享有一定的自主权；其三，专业人士垄断业内知识，专业具有排外性与不可替代性；其四，专业人士享有一定的业内权威、经济报酬与社会地位；其五，专业内有以服务与责任为宗旨的专业伦理。

虽然职业与专业都需要以社会分工为基础，但两者之间存在一定区别，如表 1-1 所示。

表 1-1 职业与专业的区别

比较维度	职业	专业
知识基础	无须以高深理论为基础，只按例规行事	有科学的知识基础，拥有一套高深、严格的理论
培训与教育	无须接受长期的专业训练，通过简单的传教或个人经验积累即可胜任	需要接受长期的专业训练，训练在大学进行，以是否接受过高等专门教育为标志
服务性质	仅提供谋生手段的服务	提供特有的、范围明确的、社会不可缺少的服务，视职业为事业和生活方式
职业声望	社会地位或声望相对较低	具有较高的职业声望，处于社会职业声望的高层
服务与研究	仅提供服务，强调继承和重复，无须学习创新或进行研究	将服务和研究融为一体，专业人员需在服务中进行研究和创新

（三）专业化

由上述内容可知，职业与专业是两类不同的社会从业性质，两者间存在着一定的差距，专业人士往往有着更高的社会地位、经济报酬等。这也使人们开始从一般职业向专门职业转型，这种现象就是专业化。

在社会学领域中，专业化是随着社会产生了职业与职业的区别而出现的，专业化指某一职业群体在特定时期内达到专业标准，并成为专门职业的过程。从这个角度看，专业化是职业专门化的过程，具体可分为两种情况：其一，作为改善地位的专业化。这种情况是某一职业发展成专业的过程，注重职业社会地位的提升。例如，随着社会发展的需要，某个职位的社会地位与社会功能变得越来越重要，对从业人员的要求变得越来越高，专业标准、教育体系等越发完善。其二，作为发展、扩大实践中专业知识与改善专业技巧的专业化。这种情况指某个社会人员成为专业人员，并在专业职业中发展的过程，注重从业人员服务质量与职位行为的提升。例如，某个高中毕业生想要成为一位合格的医生，为了取得医师资格证，他需要接受专业教育，在入职医生职业后还要按照专业要求实现自己的职后发展。这个职前职后发展过程就是他的专业化。

二、教师专业化与专业发展

（一）教师专业化

从社会学角度看，教师专业化指教师职业专业化，即教师作为一种社会职业逐渐达到专业标准，获得专业地位的过程；从教师个人的角度看，教师专业化指教师专业发展，即教师个体提高专业水平，逐渐满足专业要求的过程。

（二）教师专业发展

教师专业发展是教师内在结构不断更新、丰富、演进的过程。根据教师的专业结构可知，教师专业发展主要涉及自我专业发展需要、专业态度与动机、能力、知识、水平、观念等方面。根据教师实际专业结构发展水平可将教师的专业发展分为不同的等级。教师专业发展包含教师作为人的发展与教师作为从事教育事业的专业人员的发展两个层次。此处的教师专业发展主要指后者，即教师通过接受专业训练逐渐成长为学者型或专家型教师，不断提升自身专业水平的发展过程。教师专业发展的特点如下：

1. 自主性

教师在设计课程、选择教材、规划课程活动时，应该充分发挥自身的自主性，将外在的影响转化为自身发展的重要动力，形成自我专业发展的意识。这种意识能激发教师寻求自我发展的积极性，使其不断探寻自我发展的机会。

2. 阶段性

教师的专业发展过程有发展、有停滞、有低潮，呈现出较强的阶段性。

3. 连续性

在专业发展过程中，教师只有树立终身学习的目标，不断学习和研究，不断提升自己，才能使自己的教学知识与能力水平满足社会发展的需要。

4. 多样性

教师专业发展的多样性是由教学工作的复杂性决定的。教师的教学工作包括创设学习情境、观察学生、组织教学活动、引导学生等，教师专业发展是在这些多样的活动中实现的。教学不只是知识与技能的传授，还涉及师生间的情感交流。因此，教师专业发展在注重知识、技能发展的同时，也要兼顾认知、情意等方面的发展。

5. 情景性

事实证明，教师所掌握的很多知识与技能都是通过对教学的感悟以及个人经验得到的，教师需要通过不断反思自身的教学行为与理念，不断调整，才能实现持续的专业发展。此外，教学情景的不确定性要求教师专业发展与教学实践、教学情境相结合。

第四节　教师专业发展理念

一、"师德为先"的发展理念

（一）师德的内涵与主要特点

1. 师德的内涵

师德指教师的职业道德。师德自古便有，但每个时代对师德的要求却有所不同。如今的师德是以过去的师德为基础发展而来的，相应地，师德的内涵也随着时代的发展而不断变化。教师职业道德是教师在职业生活中，处理职业工作关系，与同事、学生等进行交往需要遵循的重要准则，以及在此基础上形成的行为品质与观念意识。

构建社会主义和谐社会是当今时代的鲜明特征。这要求教师除具备正确、科学的世界观、人生观、价值观外，还要拥有良好的职业道德、健康的心理素质，为社会主义教育事业无私奉献的敬业精神，以及具有时代特征的先进意识等。对现代教师而言，想要成为符合时代发展要求的教师，就必须正确理解师德的内涵，不断强化自身的道德修养。

师德建设应以科学发展观为指导思想。因为拥有一支素质好、品行端、水平高的教师队伍是培养、提高青少年科学文化素养的必要前提。在教育教学过程中，教师不仅是科学文化知识的传授者、学生心理的保卫者，还是以自身高尚的道德情操、良好的意志品质来影响学生，提高学生道德水平的感召者。学校是为社会培养人才、输送人才的重要场所，能否培养出优秀的人才关系到广大人民群众的根本利益。而代表广大人民群众的根本利益是师德建设一切工作的出发点与落脚点。

2. 师德的主要特点

教师职业道德不仅具备职业道德的一般特点，还有着不同于其他职业道德的独特性。

（1）道德要求更高、更全面。教师的职责不只是"教书"，还包括"育人"，即对学生进行思想品德教育，帮助其树立正确的世界观、人生观、价值观。除了直接教育学生外，教师还应通过自身高尚的品德去潜移默化地影响学生，使学生拥有高尚的道德品质。

（2）要有更强的自觉性。教师的劳动方式以脑力劳动为主，这意味着教师的工作常处于无人监督的状态，因此与其他职业道德相比，教师职业道德需要教师拥有更高的自觉性。例如，教师是否认真备课，是否尽心教导学生等，都需要依靠教师自己的自律。教师对学生的教育影响不只是在课堂上，且教师对学生提出的要求，自己要先做到，这要求教师在遵守职业道德方面发挥更强的自觉性。

（3）要有更强的典范性。教师所面对的教育对象——学生往往还未形成完整的世界观、人生观，具有较强的模仿性与可塑性。在与教师交往的过程中，学生会下意识地模仿教师的行为、处事态度以及气质等。以上决定了教师职业道德具有比其他职业更强的典范性。教师必须提高对自己的道德品质要求，努力在学生面前树立良好的道德形象，成为学生乃至社会的道德楷模。

（二）通过师德教育促进教师专业发展的途径

1. 师德教育与教师专业知识技能发展相结合

师德蕴含在教师专业能力之中，通过教师的教育教学实践智慧体现出来。想要进一步落实道德教育，就应深入教学实践，使师德教育与教师的专业知识技能相结合，共同促进教师专业发展。

（1）从师德教育的形式上结合。过于注重形式的教育活动往往会使教师产生情感倦怠或排斥心理。因此，师德教育应该尽量做到"无痕"，让师德教育渗透到教育教学的各个环节中，让教师对师德教育产生正确的理解与认知，将实现道德价值的过程视为自我实现的过程，在促进教师专业发展的同时实现师德教育。

（2）从师德教育的内容上结合，扩展内容。教师在师德教育过程中不仅要学习一般的道德规范，还要树立具有时代特征的教育理念，拥有良好的知识技能结构、综合的人文素养，只有这样才能实现师德修养，提高与专业知识技能发展的相互促进。

（3）从师德教育的载体上结合，找到有效载体。师德教育的关键在于将师德建设与教育教学相结合，找准载体，实现以德促能、以能表德。除传统师德教育的载体，还可以结合教育需要灵活运用教学反思、课程开发、课例研究等载体，从而实现师德教育与教师专业发展的有效衔接。

师德教育只有以教师专业能力为依托才能更好地贴近教学实际，才能产生更好的效果，从而进一步促进教师的专业发展。

2. 师德教育与教师专业情意提升相结合

除了教师专业知识、专业技能外，专业情意也是教师专业素质所涵盖的重要内容。教师专业情意是教师对教育事业的情感态度与价值观的结合，是师德的重要体现。教师的专业情意主要包含专业自我、专业理想、专业情操以及专业性向四个方面。将师德教育与教师专业情意提升结合在一起的方法如下：

（1）强化校园的文化建设。这一举措可以有效促进教师专业情意的形成。在校园文化的熏陶下，教师的自身道德修养能得到一定程度的提升。对学校来说，想要加强师德建设，不仅要建设能够培养教师专业情意的学校文化，还要建立能够促进教师专业情意发展的机制。

（2）及时对教师进行心理疏导，避免教师产生专业情意方面的问题。在教学过程中，教师难免会遇到一些困难或压力，这些困难或压力如果得不到及时解决，就会致使教师产生一系列的心理问题，在专业情意方面表现为对专业理想动摇、自我评价降低等。这要求学校将教师的心理疏导摆在师德教育中的重要位置，关注教师在各个阶段的发展情况，及时发现教师存在的专业情意问题并对其进行心理疏导。

（3）开展并鼓励教师积极参与经典阅读活动。经典阅读活动主要包括教育学经典、人文经典、学科经典等方面书籍的阅读。通过开展教师经典阅读活动，建立以经典阅读为支持的教师职后教育模式，能够丰富教师的精神世界，提升教师的综合素养，强化教师的专业情意。同时，这也是对教师进行师德教育的重要途径。

二、"学生为本"的发展理念

在教师专业发展中，"学生为本"的理念主要涉及以下几个方面：

（一）以学生的发展为出发点

"学生为本"指将学生的发展作为一切教育活动的出发点。"学生为本"的教育理念是基于教育的本质提出的。教育是一项培养人的实践活动。虽然教育同时具有社会功能与本体功能，但其社会功能的大小主要取决于国民整体素质的提升与建设人才的培养，且教育的社会功能需要以本体功能为依据，如果没有本体功能，社会功能也就无从谈起了。从这个角度看，教育的最终目的是培养人，促进学生的发展。因此，教师专业发展的"学生为本"理念要求以学生的发展为出发点。

（二）促进学生的全面发展

"学生为本"的本质是强调促进学生的发展，而这种发展指人的全面发展。在当代，人的全面发展主要指生理与心理、体力与脑力、自然性与社会性的全面、和谐发展。如今，社会市场的扩大、个人自由时间的增加以及人际交往的广泛化为人的全面发展提供了重要条件。在这种情况下，教师更应该秉持着"学生为本"的教育理念，在教学过程中既关注学生的知识、技能学习，又关注学生的思想道德、心理素质以及各方面能力的培养，在实现学生全面发展的同时，促进自身的专业发展。

（三）实现全体学生的发展

民主性是现代教育的重要特征。教育外部的民主指教育的普及，而内部的民主指让全体学生都能够得到发展。事实上，每一个学生都具备着独特的能力与个性，他们有权利接受符合其个性的教育。因此，教育应该面向每一个学生，充分尊重学生的个性特点，为学生提供平等的教育机会。让全体学生得到发展是实现教育公平的根本要求。对教师而言，"学生为本"的教育理念要求其在教育教学过程中平等对待每一位学生，无论学生的成绩如何，教师都应使其得到应有的发展。

（四）让学生实现可持续发展

一个社会想要实现可持续发展，则必须先实现人的可持续发展。随着学习型社会的到来以及终身教育思潮的兴起，人的教育逐渐发展为一件伴随终身的事情。对学生而言，可持续发展主要包括以下几个方面：

1. 协调发展

协调发展指学生在多个层次、方面上的全面发展，包括生理、心理、情感、认知等。

2. 连续发展

连续发展要求学生的发展必须是连续的、不间断的。学生在当下所取得的发展是其未来发展的重要基础，对学生以后的成长与发展将产生持续性影响。

3. 潜能发展

从哲学角度看，人的可持续发展意味着人是有待不断完善的社会存在物。即每个人都存在着多方面的潜能，而教育的主要目的是让学生的潜能得到持续、最大程度的发展，不断提升自我，实现自我价值。

4. 适应性发展

适应性发展指让学生拥有能够适应未来学习、生活、工作等方面变化、发展的能力。

（五）让学生主动发展

《论语·述而》中，孔子的"不愤不启，不悱不发。举一隅不以三隅反，则不复也"强调的是学生的主动发展。教师专业发展中"学生为本"的理念，要求教师促进学生的主动发展，重视学生发展的能动性与内发性。其中，"能动性"指学生在发展过程中所表现出来的创造性，而"内发性"指学生的发展是出于自愿的、个人内心的要求。在教育过程中，教师不仅要向学生传授知识，还要激发学生的学习欲望，教给学生学习的方法，培养其自主学习、独立思考的意识与能力。

（六）注重教师的主导作用

虽然"学生为本"的理念关注学生在教育教学中的主体地位，但并未因此否定教师的主导作用。事实上，关注学生的主体地位与充分发挥教师的主导作用并不冲突，充分发挥教师的主导作用是实现"学生为本"的必要条件。

三、"终身学习"的发展理念

（一）"终身学习"出现的背景

1. 适应社会、职业、日常生活变化的需要

20世纪50年代末，社会正处于急剧变化的时期，这种变化集中体现在生产、流通、消费等领域的经济结构、功能、过程方面，对人们的工作与生活产生了较大的影响。为了更好地适应社会、职业、生活发生的一系列变化，人们就必须转变观念，掌握新的知识与技能，以满足社会发展的需要。在这样的背景下，"终身教育"的理念应运而生。"终身教育"强调人的一生需要不间断地接受教育、学习，持续更新知识。这一理念与时代、社会以及个人的发展要求不谋而合，得到了人们的重视。

2. 自我实现的需要

第二次世界大战后，随着社会经济水平的提升，人们的衣食住行等状况得到改善；科技的进步与发展让人们从繁重的劳动中解脱出来，拥有了更多的可支配时间。这些外部条件的改善，使人们开始更加关注精神方面的追求，人们希望通过个人努力不断完善自我，使自己得到进一步的发展。然而，想要满足自我实现的需要，只依赖学校教育是远远不够的，还需要终身教育的支持。因此，人们实现自我的需要也是促使"终身学习"理念出现并得到重视的重要因素。

3. 对传统教育体系进行改革的需要

自近代学校教育制度建立以来，学校在培养并为社会输送人才方面发挥着至关重要的作用。但随着时代的发展、社会的进步、教育观念的更新，旧的教育制度已经不再适用，人们普遍希望对旧的教育制度进行改革。在这种情况下，提倡将社会教育、学校教育、家庭教育有机结合在一起的、开放性的终身教育定然会得到人们的关注。

（二）终身学习的特点

终身学习的特点如图1-3所示。

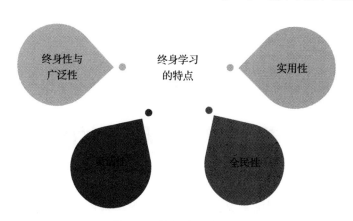

图1-3 终身学习的特点

1. 终身性与广泛性

终身性是终身学习非常显著的特征。它将教育视为一个连续不断的学习过程，是人们一生所接受的培养的总和。终身教育囊括了教育体系中的各种形式与各个阶段，它不仅包含学校教育，还包含家庭教育与社会教育。

2. 灵活性

终身学习的灵活性体现在学习时间、学习地点、学习内容、学习方式等可以由学习者决定，他们可以根据自身需要随时随地接受任何形式的教育。

3. 全民性

终身学习的全民性体现在所有人都可以接受终身教育。事实上，对每一个人而言，想要满足社会发展的需要，更好地实现自我价值，就需要接受终身教育。

4. 实用性

通过终身学习，人们能够进一步满足自身生存与发展的需要；更好地克服工作、生活中遇到的各种困难；获得更大的发展空间；使自己的精神生活变得更加丰富。无论是一个人、一个团体，还是一个民族、一个国家，想要跟上时代发展的步伐，就必须要不断学习、不断提升。

终身学习强调人的一生都应不断学习，学习将伴随着人的整个发展过程。自人类诞生起，学习就成为人类的一项基本活动。如果不学习，人类便无法认识并改造客观世界，人类社会也就无法取得今天的发展。因此，教师必须将"终身学习"作为自身专业发展的重要理念。

第二章　教师专业发展的理论探析

教师专业发展的理论是教育学领域的重要研究内容，这些理论从不同视角探讨教师专业发展这一多维度、多层次的过程。阶段理论以时间为主线强调教师专业发展的阶段性，包括关注发展阶段论、教师发展时期论、职业生涯周期阶段论和教学专长发展阶段论；角色理论围绕不同教育理论视角和政策背景下教师所承担角色展开讨论；知识结构理论在梳理不同学者观点的基础上指出了当代教师应具备的知识结构。

第一节　教师专业发展的阶段理论

教师专业发展是一个漫长的过程，需要经历许多不同的发展阶段。对教师专业发展理论进行研究，不仅能明确教师的需要与能力基础，为教师培训提供必要依据，还能使教师对自己的各方面情况有更清晰的认识，从而制订出更能满足自身需要的专业发展计划。

教师发展阶段的研究历史相对较短，其中对目前的研究意义较大的主要是 20 世纪 60 年代后的研究。

一、关注发展阶段论

关注发展阶段论指学者们关于教师关注阶段研究的相关理论，它描述了教师在课程实施过程、教育教学过程中，意念、动机、情绪、满足感和挫败感等在不同关注阶段的发展及变化。

关注发展阶段论的代表人物是弗朗西斯·富勒（France Fuller）。富勒及其同事在进行大量访谈与文献回顾的基础上共同编制了"教师关注问卷"，并根据问卷结果，分析、归纳出了教师专业发展的几个重要阶段。

（一）教学前关注阶段

教学前关注阶段是师范生接受职前培训的阶段。在这一阶段中，师范生仍然扮演着学生角色，尚未经历教学，对教师角色的认识还不够，这时他们的关注点主要在自己身上。

（二）早期生存关注阶段

到了早期生存关注阶段，学生开始接触实际教学工作，这一阶段中，他们主要关注自己的生存问题，如对课堂的把控程度、对教学内容的熟练程度、学生与领导对自己的评价等，导致这一阶段的教师产生较大的压力。

（三）教学情境关注阶段

在这一阶段中，教师除生存关注外，还会关注教学的各种要求与限制。更多关注的是自己的教学表现，如教学所需的知识、能力以及怎样将这些应用到教学情境中，而对学生学习的关注较少。

（四）关注学生阶段

虽然很多教师在教学前关注阶段能够表达出对学生的关注，但他们通常要在能够应对自己的生存需要且积累了一定的教学经验后，才能将关注点从教学工作转移到学生身上。在这个阶段，教师开始将学生的需要作为关注的焦点，关注他们的学习需要、情感需要，思考如何通过自己的教学工作更好地影响学生的学习与发展。

关注发展阶段论揭示了教师从师范生转变为成熟教师过程中的思想特点与演变规律。虽然该理论还不够完善，但却为教师专业发展的研究奠定了重要基础。

二、教师发展时期论

莉莲·卡茨（Lilian Katz）结合自身与学前教师一起工作的经验，通过大量访问与问卷调查总结出了教师发展的四个时期，如图2-1所示。

（一）存活期

教师发展的存活期可能会持续一到两年的时间。在这一阶段，教师会发现自己对教学的设想与教学实际存在差距而产生一定的心理落差，因此教师的主要关注点在于自己能否在陌生的环境中生存。由于缺乏教学经验，这一阶段的教师需要得到技术方面的支持与帮助。

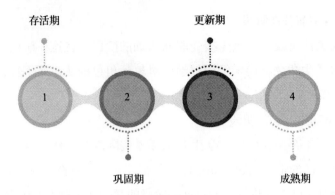

图 2-1　教师发展时期论的四个时期

（二）巩固期

在这一阶段，教师已经基本具备了应对各种教学事件的基本知识，开始巩固之前在教学实践中获得的教学经验，并在关注个别学生的同时思考如何帮助学生，促进学生的发展。这时的教师需要得到相关专家、同事以及领导的帮助与建议。

（三）更新期

长时间重复、机械式的工作让教师开始感到厌倦，所以在这一阶段中，他们开始探索新的教学方法与技巧。应该鼓励这一阶段的教师积极参与各种学习进修活动。

（四）成熟期

处于这一阶段的教师已经习惯了教师角色，能够开始深入探讨一些教育问题。为了实现进一步的发展，处于这一阶段的教师仍然需要参加各种研究会，广泛获取各种教育资料与信息等。

虽然卡茨的教师发展论为教师发展阶段提供了重要见解，但该理论缺乏对成熟教师专业发展的进一步区分。

三、职业生涯周期阶段论

职业生涯周期阶段论是将教师的职业发展周期与过程放在人的生命的自然衰老过程中进行考虑的，它主要以生命变化周期为标准对教师职业发展进行阶段的划分。针对这一点，有很多研究者提出了自己的见解。其中比较有代表性的是雷夫·费斯勒（Ralph Fessler），他将教师专业发展分为以下八个

阶段:

(一)职前教育阶段

这一阶段是教师为教师职业角色的准备阶段,在这一阶段中,教师需要在学校接受师资培训。当然,这一阶段也包括在职教师接受新工作的再培训。无论是高等教育机构进行的教育活动,还是在本校内进行的在职进修学习,都属于这一阶段。

(二)入职阶段

这一阶段是教师刚入职的前几年,同时是其学习教师角色社会化,适应学校系统、了解教学工作的重要阶段。处于这一阶段的教师希望得到学生、同事、领导以及其他人的认可,力求在处理日常问题时达到令人满意的程度。

(三)能力建立阶段

在这一阶段,教师注重广泛获取教育知识,提高自身教学水平,寻求新方法、新策略,积极参与各种研讨会与培训活动,力求形成一套属于自己的教学体系。

(四)热心和成长阶段

在这一阶段,教师已经具备了较高的教学水平,他们热爱教育工作,不断改进教学方法,丰富教学内容,热心与较高的工作满足感是这一阶段的特征。

(五)挫折阶段

在这一阶段,教师可能会在某种因素的影响下,产生教学上的挫败感,开始怀疑自己的能力以及选择教师职业是否正确。这个阶段也被称为教师职业的倦怠阶段,常出现在教师职业生涯的中间阶段。

(六)稳定与停滞阶段

在这一阶段,教师职业发展进入停滞状态,教师往往只关心自己的分内工作,而不会过多追求进一步的成长与发展,只想维持现状。这一阶段的主要表现是缺乏上进心、敷衍了事等。

(七)低落阶段

这是教师离开教学岗位前的低潮阶段。在这一阶段中,有的教师可能会因曾经在教学中取得的辉煌成绩而感到愉悦,而有的教师则会因被迫终止工作而感到苦涩。这一阶段的时间长短因人而异，长则几年，短则几周。

（八）退出阶段

这是教师准备离开教师岗位的阶段。在这一阶段，不同的人会做出不同的选择，有的人可能选择享受天伦之乐，有的人可能会寻找短期的临时工作。

四、教学专长发展阶段论

教学专长方面的研究源于学者们对专家教师认知机制、知识结构以及专业地位提升等方面的好奇与社会诉求。关于教学专长发展阶段论的研究，比较有代表性的是教师教学专长发展三阶段论与五段论。

（一）教师教学专长发展三阶段论

有很多学者根据自身经验与见解，将教师的教学专长发展分为了三个阶段。

1. 舒尔提出的教师教学专长发展三阶段论

舒尔（Shuell）从知识、经验、技能获得过程的角度出发，将教师教学专长的发展划分为以下三个主要阶段：[①]

（1）初始阶段。这一阶段主要是教师熟悉自己所教学科的教学活动。由于实际教学经验不足，所以教师在教学过程中容易犯一些小错误。

（2）中间阶段。这一阶段主要是教师对所学知识、技能进行巩固与强化的阶段。在此阶段中，教师的教学知识、经验、技能会得到进一步整合，教学效率也会有所提升。

（3）高水平阶段。当教师进入高水平阶段时，意味着其职业专长与认知自动化得到了充分发展，且积累了大量知识与经验。

舒尔的教师教学专长发展三阶段论主要是站在认知心理学技能获得的角度进行分析的。这种阶段划分更加关注认知技能发展阶段理论对教师行为的影响，并对教师教学专长发展进行了认知角度的科学论证，为教师教学专长形成与发展的研究提供了重要依据。但由于该阶段论缺乏对教师教学专长发展中洞察力问题及效率问题的深入探讨，所以在研究过程中并未对教师教学专长发展产生深度认识。

---

① 张学民，申继亮.国外教师教学专长及发展理论述评 [J].比较教育研究，2001（3）：1–5.

2. 格拉泽提出的教师教学专长发展三阶段论

格拉泽（R.Glaser）通过总结已有的关于教师教学专长发展的理论研究以及自身的观点，将教师教学专长的发展划分成以下三个阶段：

（1）外在支持阶段。这一阶段主要指刚入职的新教师。由于刚刚步入工作岗位，在教学实践中可能会遇到各种各样的问题，所以初步学习、掌握各种教学技能成为新教师在这一阶段的主要任务。影响新教师获得教学技能的因素除其自身的参与意识、兴趣外，还包括指导教师、其他有影响的教师等，对此，学校应为新教师提供支架式的支持。

（2）转变阶段。这一阶段主要指教龄为 2~3 年的教师。随着教师的自我监控、调节技能得到进一步发展，教学技能更加标准化，学校应逐渐减少对教师的支架支持，采用师徒制为其提供指导建议。

（3）自我调节阶段。这一阶段主要指专家教师。专家教师不仅能够熟练掌握教学技能，还有着较高的自我监控、自我调节水平，他们能够在自我学习的基础上自主控制学习环境，选择性地接受学习反馈，并结合自身需求制定自己的发展目标。对此，学校应该更多地为他们提供有助于其专业发展的条件。

3. 亚历山大提出的教师教学专长发展三阶段论

21 世纪后，从事教学专长研究的研究者们对专长研究进行了更深入的探索，并在此基础上对之前的相关研究提出了挑战：一方面，他们认为之前的研究主要是在实验情境中进行的，而教师所处的社会环境是非常复杂的，所得到的研究成果往往是失真的；另一方面，之前的研究成果无法很好地解释"工作经历相同的教师，有的能成为专家，而有的不能成为专家"的问题。这些研究者认为，之前的研究忽略了个体的情感、动机、兴趣对其自身学习产生的影响。质疑者纷纷提出了自己的理论观点，其中比较有代表性的是亚历山大（Alexander）提出的 MDL 模型。该模型主要包含三大主要成分，即专业知识（主题知识与领域知识）、加工策略（深度加工策略与表层加工策略）以及兴趣（情境兴趣与个人兴趣）。这些部分相互作用，共同影响着个体的学习，根据这三个部分的相互作用，亚历山大将教师教学专长发展分为以下三个阶段：[①]

---

① 杨翠蓉.教师专业发展：专长的视野[M].北京：教育科学出版社，2009.

（1）适应阶段。这个阶段主要指处于教学专长发展初级阶段的新教师。由于新教师在学科知识、教学知识方面尚未形成完整的体系，所以他们在面对教学问题时主要采用表层加工策略进行应对。对于这一阶段的教师而言，情境兴趣能够有效促进其自身的教学专长发展。

（2）胜任阶段。这个阶段主要指胜任型教师。这一阶段的教师在掌握更多领域知识的同时，也有着一定的主题知识。这一阶段同时是教师专长发生转变的阶段，即教师除运用表层加工策略外，还能运用深层加工策略解决教学问题。在胜任阶段，情境兴趣对教师教学专长发展的影响逐渐转弱，个人兴趣对教师教学专长发展的影响逐渐增强。

（3）专长阶段。当教师处于以上两个阶段时，专业知识、加工策略、兴趣中的任何一个都能对教师的专长发展产生促进作用，但在专长阶段中，只有三个部分的协同作用才能促进教师的专长发展。专长阶段的教师往往有着渊博的领域知识与主题知识，还能在此基础上形成新的知识。而新知识的提出，需要教师运用深层加工策略在教学实践中发现问题、思考问题。在这一阶段中，对教师教学专长发展影响较大的主要是个人兴趣。

亚历山大对教师教学专长发展研究的主要贡献在于让人们意识到了非认知因素对教师教学专长发展的影响。但他同时忽略了外部环境对教师教学专长发展的作用，由此导致学校在教师教学专长发展中的地位下降。

（二）教师教学专长发展五阶段论

在教师教学专长发展五阶段论中，影响力较大的理论是伯林纳（Berliner）提出的教师教学专长发展五阶段论。他将教师教学专长发展分为以下五个阶段：[①]

1. 新手教师阶段

这一阶段指接受过系统师范教育，刚步入工作岗位的教师。在教学专长发展方面，新手主要具备三方面的特征：其一，比较理性，需要在分析与思考的基础上处理问题；其二，处理问题缺乏灵活性；其三，在处理问题的过程中常依赖特定的计划、规范与原则。对新手教师而言，积累教学经验、掌握实际的教学情况比书本知识更为重要。

---

① 张学民，申继亮.国外教师教学专长及发展理论述评 [J].比较教育研究，2001（3）：1–5.

2. 熟练新手教师阶段

在从事教师岗位 2~3 年后，新手教师会逐渐转变为熟练新手教师。在熟练新手教师阶段，教师教学专长发展具有四个特征：其一，能够将书本知识与教学经验初步整合起来，并掌握其内在联系；其二，积累了更多的教学经验，教学水平得到提升，在处理问题时有着更高的灵活性；其三，教学经验能够在一定程度上指导教学行为，但对教学情境中有用信息与无用信息的鉴别能力有待提升；其四，教学行为的责任感不足。

3. 胜任型教师阶段

熟练新手教师在接受大量培训并积累了一定教学经验后，逐渐进入胜任型教师阶段。进入这一阶段，意味着教师基本满足了教师教学专长发展的基本目标。胜任型教师主要具备以下特征：其一，教学行为有着较强的目的性；其二，能够正确区分教学情境中的重要信息与无关信息，并能选择出达到教学目标的有效方法；其三，教学行为的责任感增强，面对成功或失败时会表现出较强的情绪情感反应；其四，在教学行为方面，胜任型教师的灵活性、流畅性、快捷性有待提升。

4. 业务精干型教师阶段

业务精干型教师阶段，教师教学专长发展的特征如下：其一，在积累了大量教学经验的基础上，教师的直觉判断力得到增强，他们能够利用直觉对教学过程中出现的与以往教学情境相似的情况做出判断；其二，在教学过程中，业务精干型教师不需要付出过多的意识努力便能对教学情境做出准确的判断，但他们此时还没有达到完全的认知自动化的水平；其三，在教学行为方面，业务精干型教师已经达到了灵活、流畅、快捷的程度。

5. 专家型教师阶段

专家型教师对教学情境的观察与判断往往不需要过多地分析与思考，他们可以凭借自身教学经验找到并解决教学过程中的问题。他们的教学行为在灵活、流畅、快捷的基础上已经达到了完全自动化的水平。通常情况下，专家型教师不需要有意识地努力就能解决教学过程中遇到的各种问题。只有在教学结果与预期不一致的情况下，他们才会进行反思、分析。只有一部分业务精干型教师才能够成长为专家型教师。

伯林纳提出的教师教学专长发展五阶段论，将教师教学专长发展划分成五个阶段的同时，还指出了每个阶段中教师教学专长发展的特征，对教师明确自身所处的阶段以及明确下一阶段的努力目标具有重要意义。但该理论也存在着不足之处，即缺乏对教师知识、经验的构成，教师教学专长发展效率以及教师自身的洞察力等方面的深入分析。

第二节　教师专业发展的角色理论

一、教师角色的概述

（一）角色与社会角色

1. 角色的概念

角色最早来源于戏剧表演，指的是按照剧本要求在舞台上扮演某一特定的人物。后来由乔治·赫伯特·米德（George Herbert Mead）将其引入到社会心理学中，称为"社会角色"，被用来分析个体在不同情境中的行为方式。

2. 社会角色的性质与分类

（1）人的社会角色主要由其社会地位以及社会所期望的行为模式决定的。社会角色的性质如下：

其一，社会角色包含集体层面与个人层面。集体层面指某个角色的文化界定类型，这意味着无论是谁来扮演这个角色，都必须具备这个角色应有的基本特质；个人层面指个体对角色的诠释。每个社会行为都会反映出角色扮演者的社会地位、身份，以及扮演者的个体心理（行为）与群体心理（行为）、社会规范之间的关系。虽然社会对某类角色的期待是相同的，但由于不同的扮演角色的人对同一角色的认识、理解存在差异，所以会导致他们产生不同的行为表现，由此可见，社会角色具有个性化特点。

其二，社会角色由扮演者的社会地位与身份决定，无法自定。当个体扮演某一社会角色时，社会与群体会对他们应有的典型行为进行样式化，并期待他们遵守这些行为样式。在社会发展过程中，不同的社会角色有着不同的行为样式。因此，角色行为能够反映出个体在社会与群体中所处的位置。

其三，社会角色是一个包含一系列行为模式的类别，而并非单一的概念。任何一个社会角色都是社会期待的集合体或复合体。社会期待指人们对于某一特定角色担当群体的期待。社会角色是社会中与角色扮演者的态度相关联的期待的集合体。以中学教师为例，与这一社会角色相关联的社会期待主要由"中学教师—学生"或"中学教师—学生家长"一类的期待构成。

（2）社会角色的分类。从不同的角度可将社会角色分成不同的类型，如表 2-1 所示。

表 2-1　社会角色的分类

分类依据	社会角色类型		特征
角色获得途径	先赋角色	先天性的先赋角色	又被称为归属角色，指人们与生俱来或在其成长过程中自然而然获得的角色
		制度性的先赋角色	
	自致角色		又被称为成就角色，指人们在后天的活动中经过自学或努力而获得的角色
角色规范是否明确	规定性角色		角色的权利和义务有比较严格而明确规定的角色
	开放性角色		角色的权利和义务没有严格而明确的规定，角色扮演者可以根据自己对角色的理解和社会对角色的期待来规范自己的行为，它也有制约，但这种制约是非强制性的，主要受习俗、道德等社会规范的制约
角色所追求的目标	功利性角色		以实际利益为目标的角色，这种角色行为是计算成本、注重效益的，其行为的价值在于利益的取得
	表现性角色		不以获得经济上的报酬和效益为直接目的，而以个人表现为满足的社会角色
角色是否符合一定的社会期待	正式角色		符合一定的社会期待的角色
	非正式角色		偏离或违反一定的社会期待的角色，或出现新的社会地位而发展的一种新的角色，这类新角色在一定时间内还未被社会接受和承认

（二）教师角色

1. 教师角色的特点

在社会分工中，当个体在社会关系中处于某一特定地位时，就会具备与其他人不同的职能，以此区别于其他社会角色。教师角色指处在教育系统中的教师对其自身地位与社会期望的认识，并在此基础上表现出的行为模式。作为一个特殊的社会角色，教师角色主要具备以下重要特点：

（1）自主性与创造性。由于教学对象——学生存在较大的个性差异，一味地按照统一的模式对其进行培养，是很难促进学生的全面发展与个性发展的。因此，教师会结合以往的教学经验以及自己对教材的理解，自主选择能够满足学生发展需要的教学方法与手段，通过个性化的语言、情绪情感将教学内容传授给学生，而这一过程充分体现出了教师角色的自主性与创造性。

（2）良好的人格化特征。教师的言行举止、品格意志、学识能力、情感态度等会对学生产生潜移默化的影响，学生身上也能反映出教师劳动的痕迹。因此，社会要求教师角色拥有良好的人格。

（3）发展性。随着社会的不断发展，教师角色所承载的期待会随之变化与发展。

（4）模糊性。与其他社会角色不同，教师角色的工作并不会因为某一个单元教学的完成而终止。无论是在时间层面还是在空间层面，教师的工作都会持续扩张，没有边界。

2. 教师角色的形成过程

教师角色的形成大体上会经历三个重要阶段，如图 2-2 所示。

（1）教师职业角色认知阶段。对职业角色的认知阶段是所有从事某一职业的人都需要经历的重要阶段。对教师而言，职业角色认知是其从事该职业的重要基础，只有对教师职业角色有了充分的认识，才能从事教育事业，并在教育事业中有所成就。教师职业角色认知主要包括教师的职责、教师应具备的知识水平、教师言行举止的标准、正确的师生关系等方面的内容。

（2）教师职业角色认同阶段。职业角色认同指个体满足角色规范的要求、自觉履行角色规范的程度。教师对自身职业角色认同不仅表现在对职业角色行为规范、职责任务的认同，还表现在时刻用优秀教师的标准严格要求自己，热爱教育事业等。这一阶段主要是在教师的教育实践过程中出现，

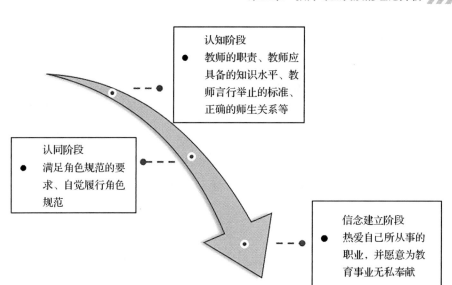

图 2-2　教师角色的形成过程

因为教师只有在经历教育实践后，才会从真正意义上对教师职业角色产生认同。

（3）教师职业角色信念建立阶段。信念表现为一种追求与信仰。信念建立阶段是教师职业角色形成的最高阶段。当教师建立起教师职业角色信念以后，教师职业角色的外部要求将逐渐转变为教师对自己的内在要求，也就是说，即使没有外力的作用，教师也能严格要求自己。在这一阶段中，教师将更加热爱自己所从事的职业，并愿意为教育事业无私奉献。

二、教师角色的不同观点

（一）建构主义教师角色论

自 20 世纪 70 年代起，建构主义的研究学者们借鉴让·皮亚杰（Jean Piaget）的心理学理论对教师角色发展进行了深入分析。在建构主义教师角色理论中，教师不仅是教学知识传授者，还是积极学习者，教师与学生一样都需要建构自己的知识。根据建构主义的观点，积极学习者具有以下特征：既提出问题又解决问题，深入研究，解决矛盾冲突与勤于反思。在教学过程中，教师需要通过观察学生，帮助学生解决学习问题来不断促进自身专业发展。

建构主义将教师视为知识获取过程中的积极学习者。教师角色发展所建构的知识是其与外部世界积极互动的结果，而并非由外部世界创造的。

（二）实用主义教师角色论

实用主义认为，实践对个体理解性知识的形成具有重要意义。实用主义者对教师角色发展的研究涵盖了教学步骤的技术性问题、课堂管理技巧等，他们将教师的专业化教学看作一种需要掌握大量细节、细致分析、调控多种需求的较为复杂的工作实践。他们常关注教学中的一些实际问题，如教师如何控制教学、教师如何解决教学实践中遇到的各种问题等。在实用主义教师角色理论中，教师不仅是学习者，还是反思性实践者，即教师需要在教学实践中不断进行反思，以更好地完成教学工作。实用主义强调将反思性教学纳入教师培养计划中，使教师成为能够积极思考与行动，且同时掌握书面知识与实践性知识的专业实践者。

（三）人本主义教师角色论

20 世纪中期，陆续出现了一些帮助教师体察自己的知识与需要的论著，如亚瑟·杰塞尔（Arthu Jersild）的《当教师面对自己的时候》。20 世纪 60 年代，卡尔·罗杰斯（Carl Rogers）、亚伯拉罕·马斯洛（Abraham Maslow）等人本主义心理学家的研究成果逐渐被应用到教师培养中。

关于教师角色，人本主义强调以下四个方面：其一，教师应该真诚、自信，努力做到自我实现；其二，教师应实现认识与情感的综合发展；其三，教师应该以学生为主体，信任学生，引导学生正确认识自己的价值与态度，并做出相应的行为；其四，教师要与学生建立良好的师生关系。

三、教师在专业发展中的角色

（一）教师的基本角色

1. 知识传授者

知识传授者是教师所扮演的首要角色，其主要任务是将知识（教学内容）传授给学生，并引导学生理解、掌握知识。作为一位合格的知识传授者，教师需要知道，学生是有思想的个体。因此，在知识传授过程中不能一味地将知识强塞给学生，而要让其真正理解知识、掌握知识，并在此基础上得到能力的提升。同时，教师需要意识到，知识传授者只是其所扮演的众多角色中的一个，切忌形成重知识、轻道德与能力的观念。

2. 班级领导者

学校的教育教学工作通常以班级为单位进行，因此，班级领导者也是教师的职业角色之一。此处的"领导者"与一般意义上的领导者不同，教师的领导并不只是约束、教导学生，而是更多地发挥"领头羊"的作用，带领学生更好地完成教学任务，促进学生的全面发展。在教学过程中，教师的领导可以有效激发学生的参与积极性，调动课堂学习氛围，有利于学生主体性的充分发挥。

3. 道德规范者

教师肩负着教书育人的重要使命，其中"教书"指向学生传授知识，而"育人"指规范学生的道德品行。所以，教师扮演着道德规范者的角色。

中国是一个历史悠久的文明古国，非常重视人的道德品质，且德育始终是教育的重要构成部分。因此，教师需要在学生的每个重要成长阶段都对其进行道德品质方面的教育。由于道德不是书本上的知识，它具有实践性，所以教师在对学生进行道德教育时，需要做到理论与实践相结合。同时，要发挥自身的表率作用，严格要求自己，如果教师自身不具备良好的道德品质，那么他们对学生道德的教导与规范也很难发挥作用。

4. 教学研究者

从教育的角度而言，教学与研究两者有着非常密切的关联，研究为教学提供指导，教学为研究做出实践，教育在不断地研究与教学实践中得到发展。因此，教师不仅是教学的实践者，还扮演着教学研究者的身份。

教师参与教学研究的目的主要有两个：其一，探索教育的真谛。这既是教师对教育本质的追求，也是对自我理念的追寻；其二，改进自身教学实践。这也是教学研究的根本目的，即通过教学研究改进教学实践，不断提高教学效率。

（二）教育改革下的教师角色

随着教育事业的蓬勃发展以及教育改革的不断深化，教师扮演着新的职业角色。

1. 学生学习的合作者

教学活动需要教师与学生的共同参与才能完成。在教学过程中，教师要与学生不断互动、相互合作，实现教学相长。教师与学生之间的合作指教师要与学生一起经历学习探索过程，并引导学生解决探索过程中遇到的各种问题，培养学生发现问题、分析问题、解决问题的能力。此外，作为学生学习的合作者，教师应该鼓励学生与学生进行合作，共同探讨学习方法，共同进步。

2. 学生心理的疏导者

由于学生的心理发展尚未成熟，在面对问题，特别是心理问题时，常常会变得不知所措，这种心理问题如果得不到及时的疏解便会对学生的发展产生较大的不良影响。因此，教师在日常教学中不仅要关注学生对知识的掌握，还要关注学生的心理发展，多与学生进行交流，了解学生情况，对存在心理问题的学生进行及时疏导。

3. 自我进步的学习者

随着信息时代的到来，知识更新的速度越来越快。在这样的背景下，教师如果不能树立终身学习的观念，不断提升自我，便无法满足时代发展的需要，会逐渐被社会所淘汰。不仅如此，教师教学实践中也难免会遇到各种各样的问题，而解决这些问题需要不断地学习，掌握新知识、新教学手段等。因此，为了促进自身教育事业的发展与学生的全面发展，教师必须扮演好自我进步的学习者身份，通过不断学习实现自我提升。

（三）文化自信下的教师角色重构

在重构文化自信背景下的教师角色的过程中，应坚持"共性与个性兼顾"的原则，突出教师角色的社会价值与个人价值的统一。[1]

1. 教师是认知结构完善、关注民族文化的人

以往的研究中，教师的认知结构中包括学科知识、教育学和心理学知识、学科教学法知识、通识知识以及其他知识等，但作为一个有文化自信的教师，在其知识结构中，最重要的组成部分来自对传统文化的关注与积累。这不仅丰富了教师的教育教学活动，实现了传统文化内容的传递，而且能够不断完善学生的认知结构，顺利实现文化和文化自信在教育中的传承。

---

① 朱梦华，黄丽锷. 西方三种教师身份建构理论取向初探 [J]. 教师教育研究，2018，30（1）：110–115.

2. 教师是情感体验丰富、拥有家国情怀的人

在具有情境性、生成性和互动性特点的教育活动中，教师不是一个机械的存在，而像戏剧表演中的演员一样的存在。演员的演出，与长期准备、训练有关，但最终结果却取决于演员在台上的表现，他们能否在演出中调动个人的情感是演出成功的关键。教师不仅是担负改善学生认知结构任务的人，更是用情感和生命展示"主角意识"的人。教师的情感体验，来源于生活，来源于学习，更来源于对人类历史、传统文化的深刻感知，而家国情怀，更是教师的身心在这个进程中受到的指引和召唤。

3. 教师是行动实践果敢、以天下为己任的人

教师绝不只是停留在自我认知完善和情感体验丰富阶段的人，他们是要将所学所得、所思所感转化为教育教学活动，与学生共同分享、利人利己的人。有学者通过定性分析发现，适合教师职业的人有一个特点，就是无法忍受不把自己知道的告诉别人。所以，那些主动选择成为教师的人，绝大部分是能够果断行动和实践的人，他们的行动是教育的，是符合"养子使作善"的追求的，自然也是以天下为己任的行动。

第三节　教师专业发展的知识结构理论

一、影响教师专业发展知识结构的取向

学术界将教师专业发展的理论分为三种取向，每种取向对"教师专业发展什么"的理解都不同，对教师专业发展结构有着较大影响。

（一）教师专业发展的理智取向

理智取向认为，教师进行有效教学的前提是拥有一定学科知识与教育知识（即能够帮助学生掌握教学内容的知识与技能）。这两类知识是教师专业发展所应掌握的比较基本的知识。教师专业发展的关键在于知识或行为变化。知识基础是教师行为变化的基础，教师需要充分掌握应用理论才能更好地将其转化为行为实践。

理智取向强调在对教师专业发展内容进行理性客观分析的基础上，建立教师专业知识、能力结构，并形成可操作性、可测量的指标体系。根据这一

取向，教师专业发展的途径主要是通过职前或在职等正规培训方式为教师提供基本的专业知识基础。虽然这种教师专业发展方法得到了广泛运用，但它同时存在着不足之处，即过于强调理论知识的获得。

（二）教师专业发展的实践—反思取向

与理智取向相比，实践—反思取向更关注教师作为"人"的独特性，注重教师个人的、实践的专业知识在专业活动中的运用。实践—反思取向强调，教师的专业发展是通过反思，不断了解自己以及自己的实践而实现的。

实践—反思取向关注情感、态度在教师发展中的作用，认为教师的发展是理性、认知与情感、态度共同作用的结果。理性、认知以情感、态度为前提；情感、态度以理性、认知为基础。由此可见，情感、态度在教师专业发展中至关重要。

根据实践—反思取向，教师专业发展的方式包括：通过与其他教师合作共同结合当前的工作背景、课程教学、教育理论、个人专业生活等方面进行自我评价与反思；通过写日记、文献分析、教学总结等方式进行单独反思等。

（三）教师专业发展的生态取向

生态取向重视教师在专业发展过程中所处的环境。生态取向认为，教师专业发展在很大程度上依赖于"教师文化"（即教师在群体中的信念、价值、习惯、态度以及做事方式等）。这些因素能够为教师提供支持与身份认同。因此，想要更好地促进教师专业发展，就需要建立起一种良好的"教师文化"。

与理智取向、实践—反思取向相比，生态取向的独特之处在于：它摆脱了理智取向与实践—反思取向中关注教师本身的局限，强调外部环境对教师专业发展的影响。换言之，即便"种子"再好，如果没有适宜的生长环境，也很难茁壮成长的。因此，想要使教师得到良好的专业发展，必须为其营造出良好的发展环境。

教师专业发展的生态取向强调教师在专业发展过程中保持开放的心态，通过与同事之间的交流、学习、合作、经验分享等，明确自己的发展方式。这种发展方式并不是学习某种学科知识、教育知识或"反思"，而是构建一种合作的"教师文化"，并通过"教师文化"实现自身的专业发展。

二、教师专业发展的知识结构的不同观点

（一）舒尔曼划分的教师知识结构

李·舒尔曼（Lee S. Shulman）将教师的知识结构分为七个部分：其一，学科内容知识；其二，学科教学法知识，即教师对所教的学科内容和教育学原理有机融合而形成的对具体课题、文体如何组织、表达和调整以适应学习者的不同兴趣和能力以及进行教学的理解；其三，一般教学法知识，指超越具体学科之上的有关课堂组织和管理的一般原理及策略；其四，课程知识，即教师对教材和教学计划的掌握；其五，学生及其特点的知识，即与教育对象有关的知识；其六，教育脉络（或背景）的知识，包括班级或小组的运转、学区的管理与财政、社区与文化的特征等；其七，与教育相关的知识，包括教育的目标、价值、哲学、历史渊源等。

在舒尔曼划分的教师知识结构中，学科教学法知识占有重要位置，它是教学与其他学科知识结构的主要依据，实现了教育学科与学科内容的有机结合，同时是将学科专家与教师区别开的知识领域。学科教学法知识将教学内容与一般教学法融合在一起，对教学任务与教学目标进行了有效组织与表征，有利于满足不同学生的兴趣与能力发展需要。

学科教学法知识不仅包括解释、例子、类比、图解等，还包括如何了解学生的知识掌握情况、如何将新知识与学生已有的知识结构联系在一起等内容。通过运用学科教学法知识，教师可以使学生更好地掌握教学内容，提高教学效率。

（二）艾尔贝兹划分的教师知识结构

弗里曼·艾尔贝兹（Freema Elbaz）将教师的知识称为"实践知识"，并将其划分为以下五个部分：其一，学科知识；其二，教学知识，即与课堂管理，教学常规，学生的需要、能力及兴趣相关的知识；其三，课程知识，即与学习的经验及课程内容的建构相关的知识；其四，教学环境的知识；其五，自身的知识，即教师的优势及弱点。当教师在教学实践中遇到各种问题时，这些知识能够对教师的工作起到重要的引导作用。

（三）辛涛、申继亮、林崇德划分的教师知识结构

辛涛、申继亮、林崇德在大量分析、研究的基础上，将教师知识结构分

为本体性知识、条件性知识、实践性知识以及文化知识四个部分。[①]

1. 本体性知识

本体性知识指教师拥有的所教学科知识，如数学知识、语文知识等。对个体而言，良好的知识结构应该以自己的职业与专业为基础。教师的职业知识主要是自己所教学科的知识。随着学生年级的升高，教师威信的建立也依赖于其自身的本体性知识水平。所以，教师想要取得良好的教学效果，就必须扎实掌握本体性知识，不断提升自身的本体性知识水平。

2. 条件性知识

条件性知识指教师所掌握的教育学知识与心理学知识，这些知识是教师开展教学活动的必要条件。具体而言，条件性知识可分为教与学的知识、学生身心发展的知识以及学生成绩评价的知识。

3. 实践性知识

实践性知识指教师在面临实现有目的的行为中所具有的课堂情景知识以及其他与之相关的知识，换言之，实践性知识是教师教学经验的积累。与其他研究活动不同，教师的教学活动具有较强的情景性，教师需要根据教学情景采取特定的策略与方法。然而，教学是一项较为复杂的工作，教师在教学过程中可能会遇到各种各样的情况，策略与方法也不固定，教师需要结合当下的情景与学生特点机智应对，这体现了教师教学工作的经验性。教师的实践性知识受其自身经历的影响，并以个体化语言的形式而存在。

4. 文化知识

为了更好地实现教育的文化功能，促进学生的全面发展，教师不仅要掌握本体性知识、条件性知识、实践性知识，还要有广博的文化知识。一方面，教师文化知识的广泛性与深刻性会对学生的全面发展产生较大的影响，教师应在扎实掌握上述三种知识的基础上，广泛学习其他方面的文化，以不断提升教学效果；另一方面，教师在文化知识上存在着个体差异，教师应充分发挥自身的优势去启发学生，激发学生的探索欲、求知欲，帮助学生拓宽文化视野，提高文化知识水平。

---

① 辛涛，申继亮，林崇德. 从教师的知识结构看师范教育的改革 [J]. 高等师范教育研究，1999（6）：12–17.

（四）陈向明划分的教师知识结构

陈向明（2023）将教师知识结构分为理论性知识与实践性知识两大类。

1. 理论性知识

教师的理论性知识指学科内容、学科教学法、教育学知识、心理学知识等一系列能够通过听讲座与阅读掌握的知识。这类知识具有外显性、系统性、可表述性等特点，对教师而言比较容易掌握。

2. 实践性知识

实践性知识不仅包括教师在教学过程中所应用的知识，还包括教师对理论性知识的理解、解释与应用。这类知识具有缄默性、系统性、隐蔽性。具体而言，实践性知识主要涵盖教师的教育信念、自我知识、人际知识、情境知识、策略性知识以及批判反思知识几个方面。

（1）教育信念指蕴含在教师心智中的价值观念。教育信念与教师行为之间相互影响、相互作用。一方面，教育信念在一定程度上支配着教师行为；另一方面，教师行为能够反映教师的教育信念。对教师而言，教育信念的形成主要受其个人生活的影响。

（2）教师的自我知识主要体现在教师是否正确认知自我（人格特点、教学风格等），充分发挥自身的优势进行教学；教师能否及时认识到教学过程中存在的问题并及时调整。教师自我知识的形成主要依赖于教师对反馈信息的敏感度，那些对反馈信息敏感度较高的教师往往能找到提高自我效能的有效方法，从而不断提升自身自我知识水平。

（3）教师的人际知识主要体现在是否了解学生，是否积极帮助学生，是否拥有并能激发学生求知欲、分享欲。教师与学生之间的关系存在着一种独特的个人品质，即教师在向学生传授知识的同时，还以一种个人化的方式体现自己所传授的知识。教师对人际交往原则的理解会在与学生的日常交往过程中得到相应的体现。

（4）情境知识主要通过教师的教学机智进行体现，教学机智指教师在做出快速决定或判断的过程中所表现出来的行为倾向。教师的教学机智主要取决于其对学生的了解、判断的准确、思维的敏捷、行为的变通等方面的程度。

---

① 陈向明. 实践性知识：教师专业发展的知识基础 [J]. 北京大学教育评论，2003（1）：104–112.

教学机智既不是简单的无意识行为，也不是按照特定步骤实施的逻辑过程，而是一种教师利用自身直觉、灵感想象力进行的"即兴发挥"，它能够帮助教师更快、更准确地把握事物的本质。

（5）策略性知识指教师在教学活动过程中所体现的对理性知识的理解与把握。这类知识主要包括以下几个方面：教师对教学内容、教学方法教育理论的掌握；对教学目标的理解；对教学活动的规划与组织；对教学内容与教学方式的选择与应用；对特殊教学情况的处理，对学生评估标准的制定与实施等。

（6）批判反思知识主要体现在教师日常"有心"的反思活动中。教师的反思主要是围绕实践进行的，即对实践进行反思，在实践过程中反思，为了实践而反思。对教师而言，批判反思知识不仅有利于发现、改进自身存在的问题，还能帮助其对自己与他人的关系进行批判，从而有效促进自身的专业发展。

三、当代教师的知识结构

作为人类科学知识与文化的传递者，学生认识世界、发展智能的引导者，教师的知识文化水平会对学校教育质量与教学效果产生重要影响。因此，作为一个合格的教师，不仅要掌握广博的知识、拥有较高的文化素养，还必须具备教育工作者应有的合理的知识结构。

（一）学科专业知识

优秀的教师首先是一位优秀的任课教师，而想要成为一位优秀的任课教师就必须掌握精深的学科专业知识。如果教师连自己所教学科的基础知识、理论体系都无法全面掌握，也就无法将其很好地传授给学生，更无法实现理想的教学效果了。掌握精深的学科专业知识要求教师：充分了解本学科的基本结构与逻辑起点、本学科的发展历程；深入理解本学科的基本理论知识，如概念、规律、定理等；熟练掌握运用本学科知识的技能技巧；密切关注本学科的最新发展。当教师做到以上几个方面时，才能更好地将知识传授给学生，并帮助学生实现对所学知识的内化与吸收。

（二）学科教学知识

此处的学科教学知识指教师对所教学科的主题、问题进行怎样的组织以及教学的理解。学科教学知识融合了信念、态度、技巧、概念、事实、过程等，具有理解性、统领性、实践生成性。对教师而言，学科教学知识不仅能够帮助教师提升实践反思能力，还能促进其专业发展。教师提升学科教学知识水平的途径有积累教学经验、进行教学反思、参与专业活动、阅读相关资料、参与在职培训、与同事间的沟通和交流等。

在教学过程中，教师需要将实践作为认识、监控对象，并不断反思自己的教学观念、教学方法、教学过程，只有这样，才能正确把握教学活动的本质特征，促进自身学科教学知识的发展。

（三）教育知识

在时代不断进步、社会不断发展的背景下，教育活动与教育对象变得越来越复杂，教师如果一味地依赖教学经验进行教育管理工作，不仅无法取得良好的教育效果，还会妨碍自身的专业发展。因此，教师应充分掌握教育学、学科教育学、心理学、教育心理学等方面的理论知识，正确认知教育的基本规律与学生的发展规律，实现教育工作的科学化发展。

（四）课程知识

课程知识主要指课程理论、课程改革发展、课程开发、课程实施、课程管理、课程评价等方面的知识。扎实掌握课程知识可以让教师正确认知课程的性质、标准、目标等，成为真正意义上的课程的规划者、发展者与评价者。

（五）相关学科知识

任何一个学科都不是独立存在的，不同的学科间往往有着非常密切的联系。如今，学科与学科之间相互渗透、相互交叉的趋势越发显著，这要求教师不断拓宽自身知识视野，积极学习、掌握与所教学科相关的学科知识，从而更出色地完成教学任务。

（六）学生知识

教师的学生知识指与教育对象有关的知识，可分为学生的认识知识与经验知识两类，如图 2-3 所示。

学生知识涵盖范围非常广泛，包括教育学、心理学、社会学、生理学以及文化人类学等方面的知识。教师想要发展自身的学生知识，就必须增强与学生接触的深度与广度。

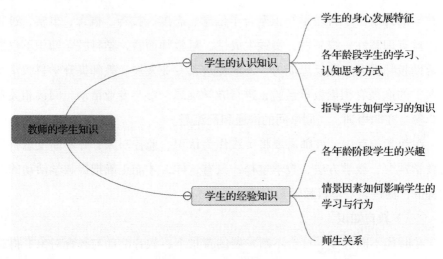

图 2-3　教师的学生知识

（七）教师自身知识

教师自身知识主要包括自我身心保健与调节方面的知识、心理、审美方面的知识。教学本身是一项极具个性化的智力劳动，这使"自我"成为教师教学活动的重要因素，即教师想要取得良好的教学效果、促进自身专业发展，就必须在教学过程中投入大量的时间、精力、个性因素，并重视评价与自我反思。

第三章　教师的专业知识与专业能力

教师的专业知识与专业能力是教育质量的基石。专业知识涵盖学科内容知识、教育学与心理学原理、课程与教学方法等，它要求教师具备深厚的学科造诣，理解学生心理发展特点，掌握科学的教学策略。专业能力体现在教学设计、课堂管理、学生评估、教育技术应用及持续专业发展等方面，需要教师能够灵活运用多种教学手段，有效激发学生的学习兴趣，创建积极的学习环境，并能运用技术工具增强教学效果。两者的深度融合，是教师专业发展的关键，也是促进学生全面发展、实现教育目标的重要保障。

第一节　教师专业知识的特点与价值

一、教师专业知识的特点

教师专业知识的特点主要体现在如图 3-1 所示的四个方面。

图 3-1　教师专业知识的特点

（一）综合性与融合性

教师专业知识的综合性体现在教师专业知识结构具有广泛性、丰富性、多样性。一方面，课程的综合化与教学内容的扩大化已成为教育发展的重要趋势，它要求教师专业知识具有综合性。课程的综合化打破了学科界限，使学科知识学习朝着综合化的方向发展。因此，教师在教学过程中不能只局限于所教学科的知识内容，而要广泛吸收、借鉴其他与本学科相关的学科知识，构建一个综合性的知识体系，从而不断提高学生的认知能力与知识水平。另一方面，现代教育要求教师成为教育教学方面的专家，而要成为专家就必须拥有综合性的专业知识结构。在传统教育模式中，教师往往被禁锢于单一学科的知识传授中，这样不仅不利于学生掌握、灵活运用所学知识，还不利于教师的专业发展。现代教育更注重学生的全面发展，强调教学内容、教学方式的灵活性，这要求教师必须掌握综合性的专业知识，拥有较高的人文素养。

综合性是根据教师专业知识的综合性提出的，即教师所拥有的综合性知识之间应该相互渗透、相互影响、相互贯通。具体而言，教师在构建专业知识体系的过程中应注意以下几个方面的融合：其一，教育理论知识与专业知识间的协调发展。教师应在掌握教育科学的新理论、新知识、新观点的基础上，充分结合学科特点研究学生学习的心理规律，从而有效提升教学的实效性与科学性。其二，理论知识与方法论知识的有效融合。在构建教师综合性专业知识结构的过程中，不能割裂一般方法论与学科理论知识间的有机联系。教师在教学过程中，不仅要掌握学科知识的基本结构，还要了解这门学科建立与发展的原理与机制，全面把握该门学科的基本研究方法。其三，文理知识之间的平衡与渗透。知识发展一体化指人文科学、自然科学以及社会科学三者在高度分化的基础上走向高度统一，而这种统一必然要求教授人文、社会科学方面知识的教师掌握一定的与自然科学相关的知识，不断完善自身的知识结构；也要求自然科学教师了解社会、人文科学的知识，促进自身情感、意志与认知上的发展。对教师而言，科学、技术、哲学、艺术等都是教师专业知识结构应涉及的重要方面，这些知识应该相互联系、彼此贯通。

（二）指向性与开放性

指向性指教师专业知识体系各构成要素都有统一的目的，即围绕特定的中心组织知识结构。随着现代社会的到来，信息量与日俱增，没有一个人能够接受全部的信息，再加上教师承担着繁重的工作任务，时间、精力十分有限，这要求教师从教育改革与实际工作的需要出发，不断学习、吸收新知识。教授学科的不同，教师的专业知识结构侧重点也应有所不同，扎实掌握所教学科的专业知识是实现理想教学效果的重要基础。教师专业知识结构的侧重点还取决于教学对象的层次水平，即便是教授同一学科，由于学生的学习目标、心理特点、学习需要不同，教师也应采取不同的教学方式，这使教师的专业知识结构产生了不同的侧重点。此外，教师专业知识结构的侧重点还受其自身掌握知识的程度、个性、教学能力等方面的影响。

随着社会的发展以及科学技术的不断进步，知识量不断增长，知识更新速度越来越快，知识传播途径越来越广。在这种背景下，教师不应满足只教给学生"一杯水"，而要带领学生进入知识的海洋，使学生获得更好的发展。如今的社会是极具开放性的社会，特别是大众传媒的发展使学生可以与教师同步接受大量新的知识，学校不再是获得知识的唯一途径，教师在知识占有方面的优势正在逐渐减弱。对此，教师只有树立终身学习的观念，不断扩展自身知识视野、优化专业知识结构，才能不被时代所淘汰。从这个角度看，教师专业知识结构的开放性是当下这个飞速变革的时代的必然要求。

（三）实践性与个人性

从本质上看，教师专业知识是一种实践性知识、情境性知识、经验性知识。与理论性知识相比，实践性知识是一种多义的知识，缺乏严密性与普适性，它主要由个体凭借经验对现有知识进行主动解释、纠正、深化而形成。这种实践性知识是教师知识与理论性知识区别开来的重要依据，体现了教师专业活动的独特性。教师的实践性知识主要来源于教师个人的教学经验，是教师个人教学实践的总结与升华。从某种意义上说，教师的个人教学实践知识越丰富，他在专业方面越成熟。教师可以依据这一点构建具有个人特色的专业知识结构。

教师专业知识之所以具有实践性与个人性，主要是因为教师拥有广博深厚的知识文化底蕴以及深刻的思维模式，能够对理论性知识或公共性知识进行个性化的解读与把握，且教师在这方面所展现出来的意识与能力要高于其他知识群体。理论知识的学习最终要为实践服务。而如何能够更好地将理论知识付诸实践，使理论知识的价值得到充分发挥，需要依赖教师良好的实践意识与实践运用能力。因此，教师专业结构能够在较大程度上体现教师个人特征与智慧，且具有较强实践性、情境性以及个性化的特征。

（四）建构性与发展性

从来源与获取方式的角度看，教师专业知识在很大程度上是一种自主建构的结果，所以它具有一定的建构性。尽管教师获取知识的途径有很多种，但其中最基本的途径是实践性的反思、经验性的积累以及理论性的学习，而发现性学习与接受性学习是其获得知识的基本方式。教师获得专业知识的过程并不是简单的认知与记忆过程，而是一个不断内化与主动生成的过程。其中，内化指教师将专业知识融入自身知识结构的过程；而主动生成指教师在已有经验的基础上构建新经验的过程。个体只有在对外部世界进行主动加工的过程中，并形成自己的观点与看法，才是真正掌握并建构了自己的知识。对教师而言，不仅要树立建构知识的意识，还要掌握认知知识、建构知识的方法，不断提升自身认知知识、建构知识的能力。

发展性指教师专业知识的建构要有利于教师的专业成长，提高教师的专业素质。在传统教学观念中，人们普遍认为学校是促进学生发展的场所，而教师的职能也只是促进学生的发展，但事实并非如此。作为一位教师，在知识建构过程中只有着眼于自身专业发展，注重自身情感、智力、意志等方面的提升，才能更好地促进学生的全面发展。此外，只有教师专业知识具有较强的发展性时，其专业知识在能力发展中的作用才能得到充分发挥，教师才能实现专业知识与专业能力的协调发展。

二、教师专业知识的价值

教师专业知识强调实践性知识与缄默知识的重要意义，在教师专业发展过程中体现了以下重要价值，如图 3-2 所示。

（一）有利于促进教师专业自主发展

在知识论中，知识的优先性表现为从理论到实践、从外部到内部的认知

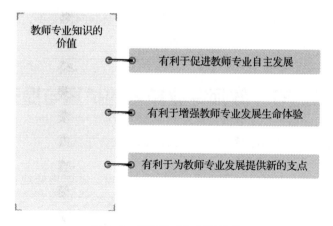

图 3-2 教师专业知识的价值

与行为模式。按照这一观点，教师在教育教学领域将失去主动权与话语权。而当人们将实践性知识置于教师专业发展的核心位置时，教师与知识之间的关系会因此而发生改变。事实上，教师的教育教学实践并不只是理论的应用，而是一项充满创造性、批判性的劳动。在教育教学活动中，教师不仅是知识的创生者，还是教育教学实践的发展者。因此，从本质上看，教师专业发展的过程就是教师个体自我成长与主动创造辩证统一的过程。

（二）有利于增强教师专业发展生命体验

传统的教育教学实践往往更重视学生的生命体验，而对教师自身所表现出来的生命体验关注不够，这样不仅会阻碍教师专业发展，还会对学生的全面发展产生不良影响。教师的教育教学体验与生命体验存在着辩证统一的关系，教师真正的智慧体现在认识到教育教学不仅是一种工作，还是一个需要不断完善生命体验、提升人生境界的过程。教师专业知识的构建要求：既要尊重教师在专业发展过程中的真实生命体验，使教师的专业发展与生命感悟融为一体；又要在不断提升教师教学能力的同时，增强其职业幸福感，使教师实现对自身生命价值的超越。

（三）有利于为教师专业发展提供新的支点

教师专业发展不是抽象的概念，而是一个充满个性化的生命运动过程，它根植于教师的教育教学实践活动中。教师专业发展的关键在于教育教学实践，教师专业发展并不是为了塑造满腹经纶的理论家，而是要培养出能够对当下教育教学产生积极影响的行动者。教师专业知识建构从"知识论"向

"实践论"的转变，不仅实现了教师专业发展价值取向的变革，还为教师专业发展提供了新的支点——教育教学实践。

第二节 教师专业知识的扩展与提升

一、正确认识教师专业知识的特点

对教师而言，只有充分认识专业知识的特点，才能更好地找到掌握专业知识的有效途径，不断提升自身的专业知识水平。

（一）专业知识是以教师教学目标为依据而建立的

所教学科的教学目标是教师学习专业知识、构建合理专业知识结构的重要基础。学校按照编制定岗定员，让教师承担不同学科的课程，实际上为教师的学科专业发展明确了方向。专业发展明确后，教师便能制订出更加科学、系统的发展计划，并按照计划进行知识积累，构建自己的专业知识结构。教师在学习专业知识、构建专业知识结构时，应该有较高标准的目标，广泛融合本学科最新知识以及与学科相关的知识，在此基础上形成自己的特色，只有这样才能取得更好的教学效果。

教师在构建专业知识体系时，要注重"深"与"广"的结合，"深"指的是核心专业知识要深厚；"广"指的是与学科相关的知识要广泛。本学科专业知识是教师开展教学活动的重要基础，有了这部分知识，教师才有资格承担该学科的教学工作，才能更好地将知识传授给学生。而教师想要促进学生的全面发展，对学生的学习生活产生更深的影响，则必须广泛掌握学科相关的知识。因此，只有将深厚的专业基础知识与广泛的前沿知识进行有机结合，教师才能构建出科学、合理，且满足自身专业发展需要的专业知识体系，才能更好地发挥专业知识的整体功能，有效促进学生的全面发展。

（二）基础理论知识与实践两者彼此依存

对教师而言，基础理论知识与实践同样重要，教师在注重基础理论知识的同时，也不能忽略理论与实践的有机结合。任何一个学科的基础理论知识都是人类长期以来实践经验的总结，是前人反复研究、分析、提炼的结果。

教科书中出现的知识是对专业知识的基础理论部分"浓缩""加工"后得到的，而教师主要是将这些"浓缩"后的知识传授给学生，并不直接用于改造自然与社会。由此可见，教师专业知识的理论性要大于实践性。在传授专业知识的过程中，教师不可能让学生将前人所经历的实践过程重新体验一遍，学校教育要求学生掌握各门学科的基础知识、基本原理以及基本概念等，这些基础性的知识是学生将知识转化为能力的重要环节。这也要求教师具有基础性较强的专业知识结构。

指导实践是理论学习的主要目的之一。因此，教师在向学生传授基础理论知识的同时，注重培养学生的实践能力，注意理论与实践相结合。为了更好地实现这一点，教师可以从以下两个方面入手：其一，在向学生传授基础理论知识的过程中，要从实践出发，让学生正确认识理论与实践之间的密切关系；其二，多组织实践活动，为学生提供将理论知识付诸实践的机会，让学生在实践中检验、应用理论，在实践中发展、完善理论。

教师的专业知识系统是一个有序、严格的知识系统。教师在向学生传授某一学科的知识时，必须按照该学科的知识系统以及学生的认知发展规律进行，引导学生系统地掌握知识，形成系统思考的能力。具体而言，教师在教学过程中，需要先系统掌握知识体系的基本原理，以及知识的内部联系，再遵循由浅入深、由高向低、循序渐进的原则将知识传授给学生，只有这样，才符合专业知识机构体系的建构要求以及教育教学的客观规律。这种方法不仅是宏观层面上某一学科知识的传授要求，还是某一知识单元、某一门课程知识的传授要求。鉴于这一点，教师的专业知识体系必须具有系统性与有序性。

（三）教师所掌握的专业知识量应大于教科书的知识量

对教师而言，教科书中的知识只是某一学科中最基础的知识，只掌握这些知识远远不够。只有教师掌握的知识比教科书更广、更深厚时，才能真正把握教科书，才能做到举一反三、旁征博引，更好地引导学生掌握教学内容，使教科书中知识的价值得到最大程度的发挥。

二、优化教师专业知识结构

教师专业知识结构的优化可以从如图 3-3 所示的三个方面入手。

图 3-3　优化教师专业知识结构

（一）拓宽知识视野

教师想要实现专业知识结构优化，必须打破原有知识的封闭性，积极拓宽自身知识视野。一部分教师将自己禁锢在课本知识中，一味地钻研学校传统知识体系，很少走出校门到社会的大课堂中。这样一来，会导致其对新的专业知识了解不足，教学脱离实际。对此，教师只有转变观念，打破自我封闭的状态，努力跟上社会发展的步伐，才能实现专业知识结构的优化。

此外，教师的职业特点要求教师在掌握所教学科知识的基础上，不断学习、掌握最新的教学成果以及与学科相关的知识，并将新的知识融入原有的知识体系中，构建出一个具有个人特色的"博、大、精、深"的专业知识结构。

（二）积极与其他教师进行合作

除了通过自身努力外，教师还可以通过与其他教师进行合作的方式实现自身专业知识的扩展与提升。由两位或两位以上教师在教学、教研过程中通过有机配合实现相互促进、共同发展的现象被称为互补效应。互补效应通过发挥群体优势，进行横向联系，可以有效弥补专业知识的不足，为专业知识增添新的活力。如今，知识正以前所未有的速度产生、传播，仅从教育领域看，各种学术会议、期刊如雨后春笋一样，不断涌现出来。这为教师之间进行相互学习、友好竞争提供了重要条件。根据时代发展以及教师自身职业特点的要求，教师应走出校门，积极参与各种学术研讨活动，加强与其他教师之间的交流与沟通，不断扩展自身专业知识视野，优化专业知识结构。

（三）强化哲学修养

哲学主要解决的是人对于世界的认识问题。哲学修养能够决定一个人的理论思维水平，是一切专业工作者从事教学与研究的方法论。因此，教师想要优化自身专业知识结构，必然需要辩证唯物主义哲学的指导。无论是从事自然科学，还是从事社会科学教学的教师，都应该学习哲学。因为哲学能够帮助其树立正确的自然观、掌握科学的方法论，引导教师朝着正确的方向进行专业发展。

此外，哲学能为教师掌握、应用专业知识提供更广阔的思路。辩证唯物主义与历史唯物主义哲学为教师认识、分析、评价事物提供了方法。教师在教学、教研工作中可以利用哲学观点去探究事物的规律，辨别事物的好坏。

三、增强专业知识积累

（一）注重专业知识的日常积累

对教师而言，专业知识的积累是一个较为漫长的过程。而且，专业知识必须达到一定数量后，其作用才能得到更充分的发挥。所以，无论是教授哪门课程的教师，都必须重视专业知识的积累，只有做到平时"量"的积累，才能实现"质"的飞跃。需要注意的是，积累的专业知识必须存在一定的内部联系，如果知识间没有联系，即便积累再多也很难发挥作用。因此，教师在日常积累专业知识的过程中要明确知识积累目标，采用科学的知识积累方法，只有这样，才能不断扩展与提升自身专业知识，构建系统、科学的专业知识体系，更好地实现专业发展。

（二）强化专业知识的整体效应

在教师专业知识结构中，往往有一门或两门知识占据较大比重，这种知识就是专业主体知识。专业主体知识是教师专业知识结构的核心，决定了整个知识结构的功能与性质。在教育教学过程中，教师应努力实现专业知识间的融会贯通，从整体结构上把握专业知识间的相互联系，使专业知识的整体效应得到最大程度的发挥。

（三）不断完善专业知识系统

教师在学习、积累专业知识的过程中，需要认识到专业知识结构是一个不断发展、变化的开放系统。其主要原因在于，客观世界在不断变化与发展着，人的主观认识是一个由浅入深、从低级到高级的发展过程。随着社会的进步、教育改革的不断深化以及自身实践经验的累积，教师的专业知识结构也应该得到相应的调整与完善。每一位教师的专业知识结构都是不断变化、发展着的，教师需要不断完善自身知识结构，以增强对教育教学工作的适应性与创造性，从而更好地实现自身专业发展。

第三节　教师专业能力的主要类型

一、基础能力

基础能力是指与教师角色和身份相符的一般能力。虽然这种能力不具备明确的教育指向性，但它却是教师专业能力的重要基础。教师的基础能力如图 3-4 所示。

图 3-4　教师基础能力的组成要素

（一）观察能力

观察是人们对周围事物有计划、有目的、有准备的知觉活动。而观察能力指人们对周围事物进行感知与分析的能力。教师的观察能力指认识教育对象的能力，这种能力是教师从事教育教学工作的重要基础。

教师想要具备良好的观察能力需要同时具备两个条件：其一，正确的观察动机。教师观察学生的主要目的是充分了解学生、全面掌握学生情况，从而更好地培养学生、促进学生的全面发展。因此，教师观察学生的出发点应该是关心与"爱"，教师只有怀着对学生的关爱之情才能更好地开展教育教学工作。其二，教师需要拥有一定的知识、经验、技能基础，能够对学生的各种表现进行准确、合理的判断。此外，教师要将自己的感官知觉与思维进行有机结合，在掌握学生基本情况的基础上，充分调动自己的想象力、推理能力、分析能力，对学生进行全面而客观的评价。

良好的观察能力对教师的教育意义重大。它不仅能让教师发现学生的优势与不足，帮助其发展自身优势，弥补不足之处；还能根据掌握的学生情况及时调整自己的教学方法、教学行为，实现理想的教学效果。

（二）想象能力

想象能力是一种以感知记忆为基础，对原有知识经验进行重新组合，从而创造出新形象的能力。因为教师对学生的培养是一个充满创造性的过程，且教学本身就是一个探索未知的活动，所以想象力对教师来说至关重要。

想象力可以让教师更好地了解学生。在教育教学过程中，教师需要对学生的所思、所言、所行有一定的了解，想要掌握这些信息，教师要学会站在学生的角度进行思考，而这需要依靠丰富的想象力。此外，想象力可以帮助教师更好地理解、组织教学。教师可以利用想象力使教材中的知识"活化"，即将原本深奥、抽象的原理转化为生动形象的语言或图片，使学生更容易理解知识内容。在教学设计方面，教师可以利用想象力丰富教学内容，如揣摩文章意境、事物状态、人物心理等，引导学生开阔思维、拓展思路，从而获得良好的教学效果。

（三）思维能力

思维是人的大脑对客观事物进行分析、推理、判断、综合以及反映的活动。它能通过想象、逻辑、直觉等形式，产生创造思维、逻辑思维以及形象思维。

由于所处的社会环境不同，个体的思维发展存在一定的差异。教师专业的特定要求决定了教师的思维能力具有独特性。这种独特性具体体现在创造性方面。创造性思维是教师思维能力中一种非常重要的表现形式。教师的教学工作是一项脑力劳动，其主要任务是为社会培养出具有创新精神与实践能力的人才。而想要培养出具有创新精神的人，教师自身首先要具有一定的创造思维，要敢于打破原有教育观念、教育方法的束缚，不断尝试运用新思想、新理论以及新方法，不断发展自身的专业能力。

（四）记忆能力

记忆能力指人在认知事物过程中对信息的输入、编码、储存、提取的能力。对教师而言，良好的记忆能力是教师学习知识、传播知识以及运用知识的重要基础。

教师的记忆能力需要满足以下条件：其一，持久。随着新知识的学习、掌握，旧知识会逐渐被人脑遗忘，而教师必须牢记教学内容、教学环节等，对于学生姓名、个性特点等更是要做到过目不忘。其二，敏捷。课堂教学不仅要求教师在有限的时间内充分再现知识，还要求教师在面对学生的各种问题时能够从容应对，因此，教师必须做到快速记忆并再现知识的能力。其三，准确。准确记忆知识内容是教师开展教学活动的必要保障。如果只是记住知识，但记得并不准确，就会对知识产生错误的理解，将错误的知识传授给学生，会误人子弟。因此，教师必须保证对知识的记忆是准确的，不能有任何歪曲或遗漏。

二、专业能力

专业能力是教师在教育教学过程中所表现出来的一种能力。与基础能力相比，它有着更丰富且复杂的表现。教师的专业能力如图 3-5 所示。

（一）教育能力

教育能力指教师不依照教材，通过社会、生活以及个人人格魅力对学生进行教育的能力。教师的教育能力主要包括教师了解与评价学生的能力、指导学生合作与竞争的能力、心理教育能力以及组织管理能力等。

1. 了解与评价学生的能力

了解学生指教师对学生学习能力、个体特点、心理状况、行为品性等方面的深入分析，可以让教师从宏观层面上把握学生整体的社会特点、状态变化以及发展趋势。

在教育教学过程中，教师对学生个体的了解主要包括：其一，了解学生的个性特点。教师面对的教育对象是一个存在较大个性差异的群体，每个学生都有着不同的个性特点。对此，教师必须细心观察每一位学生，全面了解

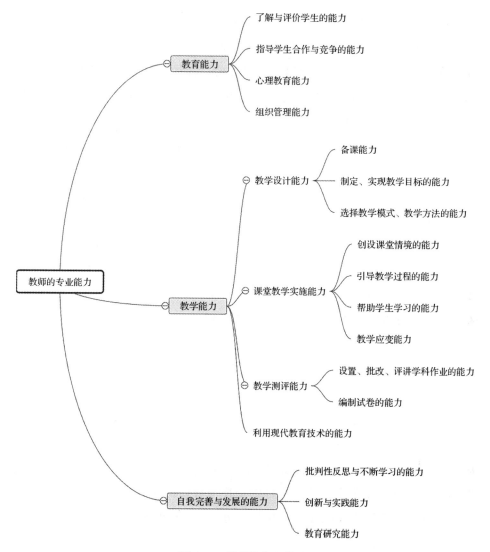

图 3-5　教师的专业能力

他们的思想动态、行为接受方式，在开展教育教学工作时要做到因材施教。其二，了解学生的学习状态。学生的学习状态主要通过其课堂状态、学习习惯、课下行为以及学习成绩等方面体现。教师应综合采用多种途径了解学生学习状态，如观察、谈话、书面交流等，只有这样才能对学生做出准确的评价。其三，了解学生的兴趣特长。教师不应满足于培养出合格的学生，还要尽最大努力培养出优秀的学生。在教育教学过程中，教师应多采用启发式教学，最大限度地挖掘学生身上的潜力，还要在教学过程中为学生提供展示自我的机会，激发学生的学习兴趣，使学生的特长得到充分发挥。

在全面了解学生情况后，教师需要按照特定的标准对学生各个方面的素质表现进行判断与评论，这个过程就是评价。教师的评价虽然是教师主观意识的行为结果，但却对学生的成长与发展具有重要的导向作用。教师的积极评价可以对学生起到较大的促进作用，有利于其强化自身进步意识，提高自我激励、自我鞭策的能力；教师正确的负面评价能够让学生认识到自身存在的不足并加以改进，提高其反思与自察能力；而教师错误负面评价会使学生产生委屈、叛逆等心理，对学生的成长与发展造成不良影响。因此，教师在对学生进行评价时，一定要把握好尺度，做到客观、公正，结合学生的具体情况选择恰当的评价方式。

教师的评价方式以写评语与鉴定为主。评语的书写要有启发性与针对性，要抓住问题的实质写出特点，切忌千人一面、不切实际。鉴定要做到客观、全面，准确分析学生的优点与不足，并提出指导性建议。

2. 指导学生合作与竞争的能力

（1）合作能力。人的社会性决定了人的成长离不开与其他个体、集体以及社会的交往。对学生而言，与他人进行良好的人际交往不仅能帮助他们更好地认识自己、认识社会、融入社会，还能有效提升自身各个方面的能力。

在教育教学过程中，教师想要培养、提升学生的合作能力需要先向学生传授与人交往、合作的常识，让学生在掌握客观规律的基础上进行人际交往与合作。此外，要为学生营造良好的交往与合作的环境，如成立学习小组、学生社团等，鼓励学生积极参与并在活动中主动与他人交流，互相学习、互相促进、共同发展。

（2）竞争的能力。竞争对学生的成长与发展来说至关重要。学校内的良性竞争能够有效增强学生的自信心、荣誉感，激发学生的学习兴趣，使学生获得积极奋进的动力。然而，教师在引导学生参与竞争的过程中要注意把握尺度，引导学生端正竞争动机，使不同层次、水平的学生都能通过公平、公正的竞争得到"满足感"。此外，教师要充分考虑到学生的心理承受能力，做好疏导工作，使学生在良性竞争中得到更好的发展。

3. 心理教育能力

心理教育能力指教师在培养学生心理素质、开发心理潜能、提高心理机能、发展个性等方面展现出来的能力。良好的心理教育能力能帮助教师将自身的优秀素质转化为学生的精神财富，让学生学会学习、学会思考，具备坚强的意志、良好的情操。相反，如果教师的心理教育能力较差，则无法取得良好的教育效果。

教师的心理教育能力主要体现在以下几个方面：其一，具备培养学生想象力、观察力、记忆力、意志、情感等方面的能力；其二，能对学生进行心理咨询的能力；其三，能对学生的心理素质发展进行评估的能力等。教师想要具备良好的心理教育能力，不仅自身要具备良好的心理素质修养，还要掌握一定的教育心理学方面的知识，在教育实践中灵活运用教育策略，细心观察、推测学生的心理变化，引导学生心理走向健康发展。

4. 组织管理能力

组织管理能力指教师在课堂教学过程中，指导、协调学生开展教学活动的能力。教师的组织管理能力集中体现在以下两个方面：

（1）课堂组织与管理。环境对人的行为影响较大，不同的环境会对人产生不同的影响。因此，教师要为学生营造出良好的教学环境与课堂氛围。例如，教师可以在教室中添加一些与教学相关的道具或临时调整学生的座位等，以激发学生的学习兴趣。在教学过程中，教师要充分利用激励手段，调动学生的学习积极性，使其主动参与到教学活动中。

（2）班集体活动组织与管理。组织、管理班集体是教师应具备的基本技能之一，教师应引导学生产生集体荣誉感，设定并组织学生实现班集体的奋斗目标，形成良好的班集体文化。在管理方面，教师需要掌握科学的管理手段，建立合理、可行的管理制度，努力实现全员管理、制度管理、质量管理以及班级的自我管理。此外，班干部的选拔也是教师管理班集体的重要方面。对此，教师应该做到民主选拔、知人善用，使班干部各司其职，班级学生互相监督，共同推进整个班级工作的有序开展。

（二）教学能力

教学能力指教师在教育教学工作中合理运用教学规律、教学方法，向学生传授知识与技能，有效促进学生发展的能力。教学不只是一门科学，同时也是一门艺术，它要求教师在充分掌握知识的基础上，结合学生的情感、态度与价值观，有目的、生动地向学生传授知识。教学活动的特殊性对教师的教学能力提出了一定的要求。尤其是在如今新课程改革重视课堂教学效果的背景下，教师更应该以促进学生的全面发展，不断提高自身的教学能力。

教师的教学能力主要由教学设计能力、课堂教学实施能力、教学测评能力以及利用现代教育技术的能力构成。

1. 教学设计能力

教学设计能力指教师要全面了解知识体系、把握各部分知识间的内在联系，能在课前各个教学要素进行优化组合的能力。教师的教学设计能力主要包括以下几个方面：

（1）备课能力。备课指教师根据教材、教法、学生特点等方面的情况，对教学内容进行设计、组合的能力。教案是教师备课的重要形式表现，是教师进行课堂教学的重要依据。通常情况下，教师备课越充分、越周密，讲课的思路越清晰，获得的教学效果越好。

教师想要备好课，不仅要"吃透"教材，还要全面了解学生。一方面，备课必须能正确反映教学目标，而教学目标包含基础知识、技能、情感、思想、价值观等诸多方面。教师需要在明确教学目标的前提下，认真编排教学体系，设计教学过程，把握教材的重难点，选用恰当的教学模式与教学步骤，只有这样才能增强备课的科学性与可行性。另一方面，备课要具有针对性，这种针对性既包含教师的"教"，也包含学生的"学"。现代的教学观念强调学生是学习的主体，教师在备课时需要充分考虑教师与学生的交流、学生的质疑与思考以及学生不同层次的差异性等方面的因素，保障学生主体性的充分发挥。具体而言，教师在备课过程中，要做到充分了解学生，即了解学生过去的学习基础、当前的学习动机以及理解能力水平等，根据不同层次、不同类型的学生情况，调整、组合教学内容，让学生能够更好地掌握所学知识。

此外，教师的备课应该具有创造性，能够体现出自己的教学风格，充分发挥自身的优势。例如，有的教师结合教学内容设计了板书式教案、图案式教案等。

（2）制定、实现教学目标的能力。教学目标是教学目的的具体体现，也是实现理想教学效果的必要条件。教学目标主要包括学科教学目标、单元教学目标、课时教学目标等。在教学过程中，教师应具备能够分析不同教学目标层次及其相互关系的技能，可以揭示每类教学目标在学科教学中的内涵与要求。抓住教学重点、预测教学难点是教师制定恰当教学目标的关键。一个合理的教学目标不仅要包含认知方面的目标，还要包含技能、情感方面的目标。同时，目标中应体现对识记、理解、应用以及情感等方面的不同层次的要求。教学目标的表述需要具备可行性、可测量性，可以让教师根据教学进度与学生特点进行导学达标。

（3）选择教学模式、教学方法的能力。教学模式、教学方法是实施教学的重要手段。随着教育改革以及现代教学研究的不断深化，涌现出了很多不同的教学模式与教学方法。常见的教学模式有情境式教学、合作式教学、讨论式教学、小班化教学以及个别化教学等；常见的教学方法有讲授法、演示法、谈话法、实验法等。在面对众多教学模式与教学方法时，教师首先要做的是了解、掌握每一种模式、方法的特点与原理。在此基础上，充分结合具体的教学情况、学生特点与个人教学风格选择恰当的教学模式与教学方法。教学模式与教学方法的选用不仅要体现教师的主导作用，还要考虑到学生的主体作用，只有符合学生认识规律、思维规律的教学模式与教学方法才能取得良好的教学效果，促进学生的全面发展。

2. 课堂教学实施能力

课堂教学实施能力指教师对课堂中各种要素进行调整，保障教学顺利开展的能力，这种能力会对教学效果产生直接影响。教师的课堂教学实施能力主要包括以下几个方面：

（1）创设课堂情境的能力。课堂情境指教师在教学过程中为了更好地激发学生的学习积极性而创设的事物与场景。一个好的课堂情境可以给学生带来情绪感染，使其产生强烈的情感共鸣，从而达到深入埋解教学内容的目的。

对教师而言，创设良好的课堂情境的关键在于提供情境事件。情境事件指对教材内容的再现，它可以是真实的情况也可以是假设的情况。提供情境事件的方法包括语言直观法、实物直观法以及模像直观法等，但无论采用哪种方法，其本质都是通过有趣的形式引导学生进行联想、想象与体验，使学生获得满足感、愉悦感，从而更好地理解知识、掌握知识。

（2）引导教学过程的能力。课堂教学包含教学主题的导入、教学内容的详解以及对整堂课的总结等环节。在整个教学过程中，教师需要充分发挥自身的主导作用，灵活安排每一个教学步骤，在有限的时间内出色地完成教学任务。

教师需要有出色的教学导入能力。一个好的教学导入能够有效激发学生的学习兴趣，唤起学生的知识背景，使其更快地进入学习状态。教学导入的方式包括设置悬念式、温故导新式、名言启迪式、故事引趣式等。在有了好的教学导入后，教师需要具备选择恰当讲演方式的能力，这种能力可以"活化"教材上的知识，帮助学生更好地理解知识、掌握知识。例如，教师可以通过恰当举例，借事明理，将复杂的知识简单化；通过翘舌疑问，引发学生的进一步思考等。

（3）帮助学生学习的能力。教师的教育对象是学生，学生是学习的主体。教师的"教"只有针对学生的"学"时，才能发挥最大的作用。教师在帮助学生学习时，需要做到以下几点：其一，指导学生学习方法。教师在向学生传授知识的同时，应该教会学生如何学习，让学生掌握科学的学习方法，不断提高其自身的学习能力。其二，善于启发学生。教师在教学过程中要善于发现、挖掘学生的智力因素与非智力因素，既要关注学生的知识学习，又要重视培养学生发现问题、分析问题、解决问题的能力。其三，让学生学会知识迁移。知识迁移指已经学过的知识对新知识的学习产生的影响。知识迁移存在正、负之分，正迁移会对学生的学习产生积极的促进作用，而负迁移会对学生的学习产生消极的阻碍作用。教师应通过举例、比较等方式，让学生掌握知识迁移的规律，能够利用正迁移达到举一反三、触类旁通的学习效果。

（4）教学应变能力。教师灵活处理教学过程中各种偶发性事件的能力称为教学应变能力。无论教师的备课有多么充分、周密，在教学过程中都可能会遇到各种意想不到的事件，包括：由于学生认知差异而对教学方法、教学进度的调整；由于学生提问对教学内容的再挖掘；由于自身考虑不够全面而进行的弥补；等等。这些都要求教师在具备足够知识积累与教育经验的同时，拥有灵活的思维、果断的意志、敏锐的观察、准确的判断。此外，为了更顺利地完成教学任务，教师在备课过程中要加强对学生的了解，预测课堂教学中可能出现的各种情况并提前想好应对方案。

3. 教学测评能力

对教学质量进行检测与评定不仅是对教学效果重要反馈，还是衡定学生学习水平的必要手段。因此，教学测评能力是教师所应具备的一项重要能力。

教师的教学测评能力集中体现在以下两个方面：

（1）设置、批改、评讲学科作业的能力。学科作业是对教学知识的巩固与深化，教师在给学生布置学科作业时要以促进学生的智力、能力发展为原则，注重科学性、目的性、层次性。在批改作业方面，不仅要指出学生作业的正误，还要分析学生出现错误的根本原因，找到学生在知识掌握上的不足之处。在作业评讲方面，既可以采用书面评讲，又可以采用口头评讲；既可以对个别学生进行个别评讲，又可以对全体学生进行集体评讲。作业评讲的目的在于指出并帮助学生改正错误，充分发挥作业的训练作用。

（2）编制试卷的能力。试卷是检验学生阶段性学习成果的重要手段。试卷的编制必须体现教学目的、教学重点、教学难点，它要求教师了解各种常用题型的功能与编写要求，具备将各种不同题型整合在一起的能力，其中包括题型的搭配、题目的编排以及题量的确定等。试卷编制、测试的完成并不代表测评就此结束。试卷结果的评讲也是测试的一部分。教师可根据具体情况采用不同的试卷评讲方式。例如，针对试卷中许多同学都出现的共性错误，采取诊断性讲评，分析学生出现的错误，找到导致其出错的根源，帮助学生解答疑惑；针对答案不唯一的试题，可以采取延展性评价，启发学生进行多角度、创新性思考。

4. 利用现代教育技术的能力

随着科学技术的进步，课堂上出现了很多现代化的教学设备，这些设备不仅可以对教师的教学起到较大辅助作用，有效提高教学效率，还可以增加课堂教学的趣味性，激发学生的学习兴趣。因此，利用现代教育技术开展教学活动的能力，对教师来说非常重要。

教师在使用现代教育技术的过程中，需要注意以下几个方面：

（1）与教学目标相结合。教师需要从教学目标与教学重点、难点出发，选择与之匹配的现代教育技术，并明确技术的具体目标。

（2）充分考虑学生的思维特点。学生是学习的主体，一切现代教育技术的选用都要以学生的认知规律与心理特点为依据，根据学生的层次水平选择恰当的技术手段。

（3）因地制宜。虽然现代教育技术能够给课堂教学带来极大的便利，提高教学效率，但并不是每一节课都必须运用现代教育技术。教师在决定用不用、怎样用现代教育技术时，应该充分结合教学目标与教学内容，遵循选简不选繁、选易不选难的原则。

（三）自我完善与发展的能力

终身教育思潮的兴起与学习型社会的到来，对每一个社会成员都提出了新的要求。对教师而言，想要实现专业发展就必须具备不断自我完善与发展的能力。教师的自我完善与发展的能力包括批判性反思与不断学习的能力、创新与实践能力以及教育研究能力。

1. 批判性反思与不断学习的能力

当教师从事一段时间的教学工作，积累了一定的知识与经验后，便会陷入"瓶颈"阶段，即因循守旧，不愿意突破现有的教育观念与教学模式。在这种情况下，具有批判性反思能力的教师往往能够对已有的教育观念以及自身的教学方法、工作实践进行总结与分析，并在此基础上形成自己的教育思想，不断改进自身教育实践。

不断学习既是批判性反思的必然要求，也是促进教师进行批判性反思的重要条件。教师只有不断学习才能不断提高自身的批判性反思能力。

批判性反思与不断学习能力的养成，依赖于教师的态度与行为。教师只有具备客观的态度与谦虚的精神，形成了学习的内驱力，才能不断反思自身的学习行为，实现自身的进一步发展。

2. 创新与实践能力

由于素质教育强调培养学生的创新精神与实践能力，所以，作为学生素质与能力的培养者，教师本身就应该拥有一定的创新与实践能力。实践与创新之间存在着密不可分的关系，实践是创新的重要途径。只有实践才能检验创新思维的真伪，并使创新思维产生实际效果。而创新性教育实践的重要表现是教育教学改革实验，它同时是教师创新精神的重要体现。许多教师就是通过在教育教学改革实验的不断尝试、突破中，形成了自己的教育思想，最终成长为教育专家的。

3. 教育研究能力

教育研究能力指教师利用掌握的扎实的教育理论知识，不仅能够收集、使用文献资料、开发各种教育信息，还能够从事与教育相关的各种研究、实验、发明创造等活动。

教育研究能力是教师专业发展中不可或缺的一种重要能力。在传统教育观念中，教师的主要任务是传道、授业、解惑，这种观念造就了很多传授型教师。他们普遍认为，只有教育专家和教育理论工作者才能进行教育研究，而一线工作的教师只负责教书就足够了。这种观点是错误的。事实上，在一线进行教学工作的教师可以通过教育研究以正确把握教育规律，更新教育观念，从而更好地开展教学工作。

　　教师的教育研究分为基础理论研究、应用研究以及开发研究，虽然这些研究的目的不同，但它们都要求教师具备理论联系实际的能力。在教育研究过程中，教师要明确研究目标，找到有价值的选题。只有面向教学活动的现在与未来，以探索教学活动规律为目的，对教学实践具有指导意义的选题，才是有价值的。选题确定好后，教师要结合研究内容与研究目标选择合适的教育研究方法。教育研究方法指按照某种途径，有计划、有组织地进行教育科学研究、构建相关教育理论的方式。教育研究的基本步骤如图3-6所示。

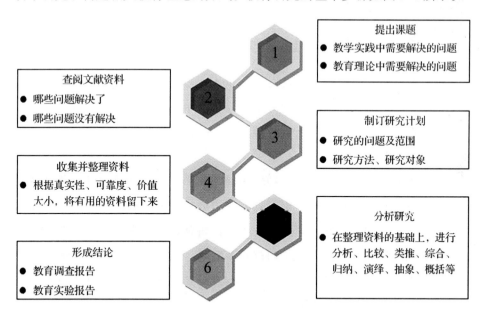

图3-6　教育研究的基本步骤

　　教育研究常采用的方法有行动研究法、实验法、观察法以及调查法等。其中，行动研究法是教师参与教育研究所采用的主要方法。此外，为了更好地参与教育研究并取得理想的研究成果，教师应掌握一些科学研究方面的基本技能，如设计调查表、观察与推理、教育统计分析以及利用检测法进行调查等。

第四节　教师专业能力的培养与发挥

一、技能训练与知识学习相结合

由上述内容可知，教师不仅需要掌握扎实的理论知识，拥有良好的知识结构，还应具备信息收集、整理、加工等方面的专业能力，能够掌握现代教育技术并将其应用到教学过程中。

教师的技能是通过培养训练与自我主动发展逐渐形成的。完善的技能训练需要通过长期培养与集中强化培训相结合的方式进行。作为一位合格的教师，必须了解国内外最新的教育研究动态，掌握计算机、多媒体教学等方面的知识与技能，将技能训练与知识学习有机结合起来。

二、理论知识学习与案例教学相结合

对教师而言，要想跟上时代发展的步伐，必须不断学习、掌握最新的教育理论知识，不断提升自身的教育素养与教育水平，从而更好地指导教学实践。在教育领域中，如果缺乏教育理论的支撑，教育实践就会失去依据，变成无本之木、无源之水。

从本质上看，教育理论是一种较为抽象的知识，虽然教师可以通过系统的培训与自身努力进行掌握，但容易陷入记诵式教育的窠臼，致使教育理论知识与教学实践割裂开来。对此，教师应该将理论知识学习与案例教学相结合，使案例教学成为理论知识学习的重要载体，从而避免理论知识学习流于形式。此外，应注重理论知识的时代性与理论知识学习的系统性，重视理论知识对教学实践的重要指导作用。

三、自我反思与教学实践相结合

反思指从"自我"之外的角度来对自己的行为与能力进行审视。对教师而言，反思能力是保证其顺利开展教学工作的重要能力。事实证明，那些在教育领域取得成就的教师往往都会主动反思自身的教学效果、职业能力等。教师的反思可分为两种，一种是对教学行动的反思，另一种是对教学行动过程的反思。无论哪种反思通常都需要经历以下环节：确定问题—分析问题—提出解决方案—验证解决方案。

反思性教学是以技术性教学的实际效果与教学的道德责任两方面的分析为基础发展而来的。反思性教学的主要目的是通过对缄默知识进行解释、说明、评判，使其变为一种明确的知识。反思性教学看似是一种个体活动，实则需要群体的支持，教师的反思性教学，不仅要求教师自身保持负责、开放的心态，还要求教育部门、专业研究者、学校领导等对教师的反思研究给予支持与帮助。在教学实践中，教师要养成自我反思的习惯，不断提高自我反思的能力，以反思教学促进自身教学水平的进一步发展。

第四章 教师专业发展的有效路径

专业发展不仅是教师个人职业素养提升的关键，更是确保教育质量、激发学生潜能、培养未来社会所需人才的重要基石。因此，构建和完善教师专业发展路径，是教育政策制定者、学校管理者及教师自身应共同关注和努力的方向。本章首先从自我反思、合作对话、教学相长三个方面论述如何有效促进教师专业发展，然后介绍科学技术发展在助推教师专业发展方面的作用。

第一节 教师专业发展路径之自我反思

一、自我反思与教师专业发展

对教师来说，反思不仅有利于促进其专业发展所需的知识基础、能力基础以及自主发展意识等方面的形成与发展，还有利于实现教师发展与学生发展的有机统一。

（一）自我反思是教师实现专业发展的有效方式

1. 自我反思与教师实践性知识获得

知识基础是教师开展教学活动、实现专业发展的必要条件。在任何时期、任何国家中，知识基础都是教师专业化与专业发展的重中之重。

在关于教师知识基础方面的研究中，专家与学者们更看重实践性知识对教师专业发展所起到的重要作用。实践性知识指教师在教育教学实践中应用或表现出来的对教育教学的认知，主要包括教师的自我知识、教师的批判反思知识、教师的情境知识、教师的教育信念以及教师的策略性知识等。与其他知识相比，实践性知识有着独特的作用表现：其一，实践性知识具有价值导向与行为规范作用，它能影响教师看待事物的观点，指导教师的某些教育行为。其二，相比于理论性知识，实践性知识虽然不是外显的，但却在教师接受外界信息的过程中发挥着至关重要的作用。它不仅能对教师获得的理论性知识进行过滤，还能在教师运用这些理论性知识时发挥引导作用。其三，教学本身是一种涉及诸多要素的实践活动，虽然教育专家与学者已经总结出了大量教学理论，但这些理论与教学实践之间不存在直接的对应关系，无法很好地指导教学活动，因此，需要有教师的实践性知识做支撑。

教师的实践性知识主要是缄默知识，即无法通过语言、文字进行说明，只能在行动中展现出来的知识。在教师专业发展中，实践性知识的形成需要依托教师的反思，实践性知识的形成过程是一个"实践—反思—再实践—再反思"的过程。

自我反思在教师实践性知识形成过程中的主要作用如下：

（1）实践经验积累方面。其一，教师的自我反思有利于教学经验的增加。教师在日常教学实践中所获得的经验往往没有经过深度加工，容易随着时间的流逝而消失。而通过反思获得的经验由于经过充分加工，其内在逻辑已经被教师所理解，所以更容易储存。久而久之，教师通过反思积累的经验也会不断增加。其二，反思性实践能够提高教师经验的质量。在教学实践中，教师利用反思思维过滤掉没有价值的部分，提取经验中的精华部分并使之系统化，从而有效提高了教师经验的质量。其三，反思性实践有利于提高教师经验的准备性。经验的准备性指教师头脑中的教学经验处于准备状态，以供教师随时提取、运用。从某种意义上来说，教师经验的准备性越高，其价值越大。而自我反思是对教师经验准备性影响最大的因素。

（2）教学理论性知识与实践性知识共同发展方面。在自我反思过程中，教师会对自己的观念、教学过程以及学生的课堂表现等方面进行细致的观察与分析，并针对其中出现的一些问题与同事展开讨论，分享自己的观点与看法，达成初步共识。如此一来，教师便能发现理论性知识与实践性知识的不一致，发现自己教学方面的不足，并在理论知识的引导下调整自己的教学行为。在这个过程中，理论对实践的指导作用得到充分发挥。同时，实践性知识也通过从理论性知识中获得参照标准而得到了更好的发展。由此可见，自我反思是联系教学理论与实践的重要纽带，是促进理论性知识与实践性知识共同发展的必要手段。

2. 自我反思与教师专业能力的培养

事实上,自我反思对教师的科研、自我意识与自我教育、组织管理等方面能力的培养与发展具有积极的促进作用。下面主要以科研能力为例,分析自我反思对教师能力培养的具体作用。

教师科研的主要环节包括"课题选择—提出假设—收集整理资料—拟订研究计划—研究结果呈现"等。教师的自我反思对其中的每个环节都有非常重要的影响。尤其是选题阶段,教师在科研过程中通常都会选择与自身教学实际或专业发展相关的课题,而教师对于教学实际问题的自我反思将直接导致研究课题的生成。此外,提出假设阶段是在教师自我反思的基础上进行的;研究结果是教师按照特定程序进行自我反思产生的。

教师科研必定会涉及与他人的交流与合作,这在无形中培养、提升了教师的人际交往能力、组织管理能力等,这些方面的能力也是教师专业发展中的重要内容。

3. 反思与教师自主发展意识的形成

(1)直接意义角度。教师的自我反思不仅关注外在教学技术的发展,还注重教师自身情感意志、专业伦理、自主发展的态度与意识等方面的内容。因此,从这个角度来看,教师的自主发展意识本身是教师反思中的重要内容。教师通过对教学技术、情感意志、专业伦理、自主发展的态度与意识等方面的反思,发现自己的不足之处,并在外部引导与内在动机的影响下,不断发展自身专业发展意识,提高专业发展能力。

(2)间接意义角度。为了找到教学过程中所出现的问题的根源,教师往往会在反思实践中拓宽自身的反思视野,从关注自己的课堂、学校拓展到整个社会。通过了解社会发展对教育的期望,以及教育发展对教师的要求,教师会进一步明确自己的世界观、价值观与职业观,从而对原本作为反思条件的自主发展意识进行强化。

(二)自我反思是实现教师发展与学生发展有机结合的重要途径

教学不仅是学校教育的中心工作,还是教师职业的主要内容,教师的专业发展是为了提高教学质量,促进学生的全面发展。由此可以得出,教师专业发展的每条途径都必须有利于改善教师的教学,有利于教师发展与学生发展的有机结合。而教师的自我反思可以满足以上的要求。因此，自我反思是实现教师发展与学生发展有机结合的重要途径。

教师在长时间的教学实践中，往往会形成自己的固定教学模式。在传统观念的影响下，教师主要按照现有的教学惯例行事，在教学实践中注重权威性教学理论的应用，形成了经验型教学与操作型教学两种模式。虽然两种模式能在一定程度上提高教师的教学效率，但它们存在着较为明显的弊端。例如，经验型教学严重束缚了教师的专业发展意识，使教师满足于原本的教学经验，一味固守特定条件下的结论，在遇到新问题、新情况时不懂变通，缺乏灵活性；操作型教学过于注重技术性研究成果在教学实践中的应用，忽略了教学情境的独特性，使教师在"突发问题"前显得束手无策。造成经验型教学与操作型教学弊端的根本原因在于，缺乏实现教师发展与学生发展有机结合的主观认识与客观条件。

反思性教学是为了应对传统教学或常规教学的弊端而出现的。反思性教学与传统教学的区别如表 4-1 所示。

表 4-1　反思性教学与传统教学的区别

区别的方面	传统教学	反思性教学
教学目标	具有单一性；常以教会学生"学会学习"为目标；只关注直接结果（学生的发展）	具有多维性；既要求学生"学会学习"，又要求教师"学会教学"；既关注直接结果，又关注间接结果
教学主体观	总是偏执于教师或学生的某一方面，在"教师中心"与"学生中心"间摇摆不定	强调教师与学生在教学活动中分别承担着"教"与"学"的主体
教学的根本动力	国家规定的遵照与社会需求的满足	追求教育实践的合理性
教学过程	教师将知识传授给学生，培养学生的学习能力；学生在教师的指导下学习知识，养成教学习惯，具备学习能力	教师在关注自身教学的同时，关注学生的学习；教师不断反思、改进自己的教学，努力实现学生"学会学习"、教师"学会教学"的目标

反思型教师会以自己的教育实践以及周围发生的各种教育现象为对象，

通过对这些对象的观察与分析，不断调整、修正自己的行为与决策，升华自己的教育理念。由于教师在反思性教学中对"教什么""如何教"都进行了周密的思考，使每个教学周期都能正常、最大限度地得到控制、调节，实现教学过程的最优化。长此以往，教师便能在思想与行动方面摆脱各种束缚，进入到自由教学的境界。

除了实现教学过程最优化外，教师的自我反思还有利于实现教学结果的最优化。反思性教学的结果主要包含两个方面：其一，解决当下与未来的实践问题。因为教师可以通过自我反思对教学过程进行先前优化而实现当下教学结果的优化，同时，对当下结果的自我反思能提升教师未来教学水平的提升，从而实现对未来教育结果的优化。其二，使教学主体获得新的理解力。具体包括自我反思能力的增强、新的信念的形成、价值观与态度的优化、情绪状态的改善，以及宏观教学策略与人文理性的获得等。

二、教师自我反思的过程与方法

（一）教师自我反思的过程

教师自我反思的过程如图 4-1 所示。

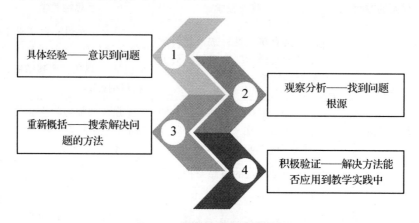

图 4-1　教师自我反思的过程

1. 具体经验

具体经验环节的主要任务是让教师意识到问题的存在，并明确问题的情境。在这一环节中，教师在经历了一段时间的教学实践后，发现自己在教学中存在的问题，并开始进行自我反思。此时，教师接触到各种新的信息，如自己的教学感受、同事的教学经验，以及教学过程中的各种灵感、假设等都能对教师的自我反思产生一定的促进作用。

2. 观察分析

观察分析环节，教师开始广泛收集各种与自身教学活动相关的信息与经验，审视自己的信念、行为、思想、情感、态度、价值观等。在掌握大量相关信息的基础上，反思自己所运用的教学理论知识是否与教学实践相符，教学行为与教学技巧是否达到了预期的结果等。如此一来，便能准确地找到教学问题的根源，从而更好地解决教学问题。

在收集信息的方法上，教师可以采用自述与回忆、微格教学、录像、档案，以及他人的观摩等。信息的分析可以独自进行，也可以与同事合作完成。由于教师在观察分析环节中需要大量运用批判性思维，因此这一环节是教师反思中最为集中的环节。

3. 重新概括

教师通过观察分析明确了问题的根源以后，还需要对自己的教学思想进行再次审视，积极探索解决问题的新思想与新方法。教师可以通过对信息的深度加工来获得新的概念与解决问题的新方法，并提出新的教学方案，从而更好地解决当前所遇到的问题。

4. 积极验证

虽然教师通过以上三个环节可以发现问题并找到了解决问题的新概念与新方法，但这些概念与方法能否顺利应用于教学，产生更好的教学效果还有待验证。教师既可以通过实际尝试进行验证，也可以采用角色扮演的方式进行验证。而在验证过程中，教师可能还会遇到新的问题，然后又进入具体经验环节，如此循环，直至问题得到解决。

以上四个环节是彼此依存、相互联系的，它们共同构成了教师自我反思整个过程。在教师的反思实践活动中，四个环节之间的界限并不明显。

（二）教师自我反思的方法

1. 个案研究法

教学个案主要是对教学实践的描述，它以讲故事的形式将教师与学生的感受、思维、行为呈现出来。个案研究法不仅能有效培养、提升教师对不同理论进行权衡的能力，还能启发教师从不同角度看待问题。个案研究法的具体步骤如图 4-2 所示。

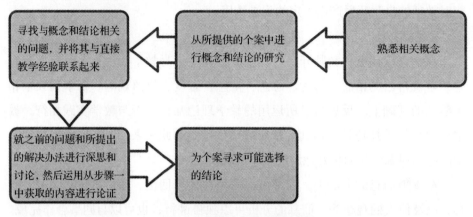

图 4-2 个案研究法的具体步骤

2. 反思日记法

反思日记法指教师通过写教学日记的方法来提高自己的教学反思能力。反思日记的内容不仅包括教师在教学过程中的观念、感受、意志、行为，还包括教师对教学行为的反思与反思的结论。对教师而言，写反思日记有利于提高教师的专业素质，因为教学反思的过程实际上是不断提高自身素质的过程；有利于革新教育教学方法，提高教学质量；有利于增强教师的科研意识与科研能力。

3. 行动研究法

行动研究法主要包含两层含义：一层含义是教师为了解决教学过程中的实际问题，将该问题作为研究课题，与专家学者或组织中的其他成员合作围绕该课题进行系统研究，以探索解决问题的方法的研究方法。另一层含义是教师或研究人员合作，一边研究，一边合作，对教学实践过程中所产生的问题有计划、有步骤地进行研究的研究方法。行动研究法的特点：可变性与适应性相结合；持续性与及时反馈性相结合；渗透性与合作性相结合；参与性与实践性相结合。

行动研究法的具体步骤如图 4-3 所示。

4. 微格教学法

微格教学是反思教学的方法之一，指教师将教学活动录下来，并通过与相关人员共同观看录像，一起分析问题、设想问题的解决方法。

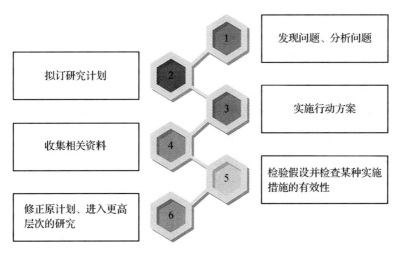

图4-3 行动研究法的具体步骤

（1）微格教学法主要具备的特征。其一，反馈及时，课堂教学结束后，教师可观看教学录像，及时掌握自己的教学表现以及学生的课堂反应。此外，教师可以通过反复观看教学录像获取教学反思的素材。其二，信息全面。微格教学主要通过现代视听设备将整个教学过程中的画面、声音记录下来，其中不仅包含教师的教学行为、操作过程，还包含学生的课堂反应，反馈的信息生动形象、全面可靠。其三，客观性。在微格教学中，教师的课堂教学会被完成地录制下来，而这段教学录像是教师进行自我评价、自我反思的重要依据。在观看教学录像时，教师可以更加客观地审视自己的教学活动，提高自我评价的准确性。

（2）微格教学法的操作程序。微格教学的整个过程可分为实践与反馈评议两个阶段。

实践阶段需要完成的工作：第一，由教师、学生（或教师的同事）、教学评价人员、拍摄人员组成微型课堂。第二，开始上课前，教师要对教学目的、教学设计、教学内容等方面进行简单说明。第三，在教学活动中，拍摄人员需要对教师与学生的课堂行为进行记录。

反馈评议阶段需要完成的工作：第一，为了获得及时反馈，应尽可能在教学活动结束后观看教学录像。除了教师、评价人员可以观看录像外，学生也可以观看录像，以此了解自己在课堂上的表现。第二，教师根据录像中所反馈的信息，进行深入的教学反思。第三，观看录像的人针对教师的教学表达自己的看法，帮助教师从不同的角度了解自己的教学情况。

三、教师的有效反思

（一）教师有效反思的内涵

教师反思有效性的分析，如果只停留在"有"或"无"的阶段，将无益于教师反思的提升，故需探索从新的视角分析教学反思的有效性，这里尝试从"有效"的内涵入手，厘清教师有效反思的内涵。

1. 有效的含义

"有效"至少包含了两层意思：其一，有效果，即衡量事件或行动的有效性依赖于"目的"或"结果"，或者说有效与否需要对事件或行动的结果做出判断；其二，有效益，即事件或行动的发生不是在纯粹自然的状态下，而是被赋予的"预期"和"期望"紧密相关，这些"预期"和"期望"正是判断事件或行动结果的有效程度的依据。在这两层意思之外，"有效性"仍有两层潜在的含义：一是事件或行动需要"合规律性"，即"预期"和"期望"都需要符合事件发生或行动者发展的"规律"，无视事件发生或行动者发展的规律而致力于效果和效益的追求，都是舍本逐末的行为；二是事件或行动是否有效率，即事件或行动的效果与事件或行动的效益之间的关系如何。因此，所谓"有效"或"有效性"，实际上包含四层含义：合规律、有效果、有效率、有效益。

2. 教师有效反思的内涵

综合"有效"的含义，可从合规律、有效果、有效率、有效益四个方面分析教师有效反思的内涵。

（1）合规律——教师有效反思的前提。规律是事物发展过程中的本质联系，普遍存在于自然、社会与思维的领域。其中，自然规律是通过自然因素的各种不自觉的、盲目的力量相互作用表现出来，社会规律通过人的自觉活动表现出来，思维规律表现着人的思维运动的内在本质联系和必然趋势，是客观事物的规律在人的思维中的反映。[①] 以上三种规律的划分为教师有效反思提供了结构化视角。

---

① 熊川武.反思性教学[M].上海：华东师范大学出版社，1999.

合规律要求教师的有效反思需要在充分尊重自然规律、社会规律、思维规律的基础上进行。教师的有效反思应全面遵循规律，如教师反思指向教师的"师格"与"人格"的整体发展，而非片面追求"师格"的发展；教师反思有助于教育教学效果的提升；教师反思与教育的本质追求相一致。

（2）有效果——教师有效反思的基础。效果指由某种力量、做法或因素产生的结果（多指好的）。[①]教师反思的效果指由于教师反思行为的发生，教师在教育教学活动中取得了好的结果，如设计了一堂精彩的课、组织了一次成功的班团活动、解决了一个教学中的难题、取得了一次好的班级成绩、培养出一群优秀的学生。对教师反思是否有效的判断，最关注的是效果的有无，常常不考虑教师反思的效果是否符合社会和学习者的要求，也不联系教师反思时的时间投入或精力消耗。所谓教师反思有效果，主要指教师通过反思，在教育教学活动中取得了一定的结果，即教师通过反思做到"成事"，而教师反思有效果为教师有效反思提供了基础。

（3）有效率——教师有效反思的关键。效率一般指特定的结果与导致该结果的特定过程之间的关系，是其所实现的与所消耗的二者之间的比率。具体到人的活动效率，指人们在单位时间内的投入与所取得的效果之间的比率。在一定的时间内，如果人们消耗的物质、能量等因素越少，而产生的效果越大，则意味着效率越高；反之，如果人们消耗的物质、能量等因素越多，而产生的效果越小，则意味着效率越低。可以看出，人的活动效率高低不仅与效果有关，还与产生效果的总体有关，最大化的效率是效果增大而总体变小。教师反思的效率从属于人的活动效率，因此，教师反思的效率也可以界定为人们在单位时间内所取得的效果与投入之间的比率。而教师反思有效率，体现为教师反思所投入的时间不断减少，而基于教师反思活动所产生的效果不断增加。教师的教育教学工作正是基于效果的累加、投入的减少，从而实现了教育活动培养人才的目的——成人。

（4）有效益——教师有效反思的追求。效益，即有益的效果，反映一种收益或效用水平，甚至包括一种心理满足感的程度；它同目的相比照，指行为所产生的有益效果。通常，人们常讲经济效益与社会效益，前者指经济上

---

① 中国社会科学院语言研究所词典编辑室.现代汉语词典（修订本）[M].北京：商务印书馆，1978.

的收益，或对物质文明的促进作用；后者指政治、文化、道德上的效果，或对精神文明的促进作用，效益的高级的或深层的衡量标准是根据预期目的对资源的配置和利用的最终结果做出社会评价，社会资源的配置让越来越多的人改善境况而同时没有人因此而变坏，那就意味着效益提高了，也就是博弈学中讲的帕累托最优。[①] 简言之，效益指效果符合预期目的的程度。由此可知，教师反思的效益指教师反思活动发生后，教师的行为活动引发的效果满足教学目标或满足特定的社会和个人的教育需要的程度。教师有效反思不仅要求教师反思要有效果，使教育教学活动及学习者产生了变化，而且要求教师反思要有效益，即要求教师反思效果或结果要与教学目标相吻合，满足社会和个人受教育的需求。

教育的本质属性是培养人，而教师的成长也是人成长的本质属性，二者的统一正体现了教育与人的内在规定性的统一。因此，教师有效反思不仅需要合规律、有效果、有效率，还能够从教育的本质属性与教师发展根本追求出发进行反思，这样才能实现教师反思的真正"效益"。

据此，可以将教师的有效反思定义为：教师有效反思是教师通过合规律性的反思活动，成功促进了教育教学活动、学生发展与教师自身发展，最大程度地达到了反思的预期目的的思维活动。

（二）教师有效反思的层级模型

1. 教师有效反思模型的主要类型

（1）技术型——关注问题解决。教师反思模型中有一部分是问题解决，唐纳德·舍恩（Donald Schon）、雪伦·梅里安（Sharan B. Merriam）等提出的反思模型均可以算作此类型。舍恩提出了行动中反思和对行动反思的"双循环模型"。成人学习研究者梅里安总结三段式的反思性实践过程包括：环节一，从捉摸不定的实践中发现问题和解决问题；环节二，基于经验和先前的知识，在变化的环境中做出行动判断；环节三，经由反思，产生某种形式的行动。[②] 这些关注问题解决的反思模型，给出了反思性实践的流程，对指导实践有一定的价值，但深入思考会发现，并未对"反思"本身进行剖析，无法

---

① 王启富，马志刚. 权利的成本：效益分析 [J]. 政法论坛，1999（4）：3–16.

② 梅里安，凯弗瑞拉. 成人学习的综合研究与实践指导 [M]. 黄健，译. 北京：中国人民大学出版社，2011.

解开反思的黑箱。

（2）解释型——关注内容差异。教师反思模型中有一部分指向的是反思的内容及其差异，弗雷德·科瑟根（Fred Korthagen）是此类型的代表人物，国内许多研究者基于科瑟根的洋葱模型来评价教师反思的内容差异，继而指出反思能力的提升方向。该模型将教师反思的内容划分为六个层面，即环境、行为、能力、信念、认同与使命[①]，如图 4-4 所示。

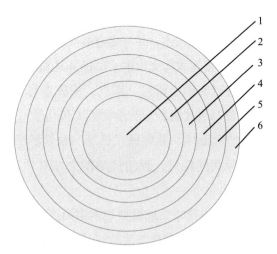

1—环境：我遇到了什么，我需要处理什么；
2—行为：我做了什么；
3—能力：我能做什么；
4—信念：我相信什么；
5—认同：（在工作中）我是谁；
6—使命：什么启发了我，成为我感觉中的动力

图 4-4 洋葱模型

这些问题的追问，能使教师有勇气检视自己的生存模式，重新发现自己的角色，对自己的行为做出解释。其中，对环境、行为、能力和信念的反思，着眼点是"专业"，意在培养"能干的教师"；而聚焦于认同和使命的核心反思，着眼点是"自我"，意在造就"有健全人格的人"。科瑟根的洋葱模型与本书的层级模型，有着相近的追求，为本书提供了理论前提，不足的地方在于未从一定的认识论与方法论高度，剖析层级跨越的路径。

① Korthagen F A.Commentary professional leaming from within [J]. Studying Teacher Education，2009，5（2）：195-199.

（3）批判型——关注价值判断。这种模型从哲学的高度出发，指出了几个方面的问题："为什么教""教什么""如何教""如何评价"等。这些问题为教师反思的研究提供了重要参考。其一，解剖式形成哲学问题的理解，如"我"理想中的教学应该是什么样的？"我"期待怎样的师生关系？在思考上述相对细小的问题之后，教师便可以将思考后的结果进行统整，再总体上回答"为什么教"等大问题。其二，依托观摩课等活动循环式推进教师的有效反思。具体过程为：教师在进行观摩前，先将自己对这门课程的理解写下来；在观摩过程中了解其他教师的陈述，并与之进行交流与沟通，从而不断完善、修正自己的陈述；通过与其他教师交流前、后的陈述对比，明确自己的新知；在之后的教学过程中进行实践、研讨。其三，积极参与"教学骰子"对话。"教学骰子"指每一面都写有代表教学哲学词汇（包括学习、行动、影响、价值、环境和欣赏等）的六面体。教师通过摇动"教学骰子"，回答随机闪出的问题，并与其他教师共同探讨，教学哲学便会在对话过程中自然显现与发展。[①]

基于哲学思考与对话的教师反思模型与本书高度契合，尤其是本体性的思考与价值追问为教师成长和教育教学活动的开展提供了前提与保障。

2. 教师有效反思的层级模型

教师有效反思的层级模型如表 4-2 所示。

表 4-2　教师有效反思的层级模型

层级	反思指向	常见教师群体	特征
低效反思	成事	新手教师	反思停留在技术性反思层面；关注教育教学活动的实施过程及自身教学行为；缺乏反思的方法与理论支撑
中效反思	成人与成事	专家型教师	基于技术性反思，主要进行解释性反思；关注教学效果、学生特征与反应、教学反馈、改进策略等；根据学生反应调整教学目标；采取联系的与怀疑的分析方法

---

① 高振宇，谢悦.教师哲学的理据、内涵与实践路径 [J].教师发展研究，2021，5（1）：60-72.

续表

层级	反思指向	常见教师群体	特征
高效反思	成己、成人、成事	教育家型教师	认识到反思对个人与专业成长的重要价值；审视自己的观点；敢于怀疑、否定已有认识，批判与辩证思维；坚持阅读与写作，将认识转化为实践；澄清、修正和确立指导行动的观念并追问其意义

3. 教师有效反思层级模型的建构原则

（1）明确模型主体——教师是富有经验的成年人。从年龄范围看，教师属于成年人范畴，因此具有一般成年人的特征，如独立的自我概念、关注个体经验、现实需求、问题解决、内部驱动。[①] 这些特征既是教师等成年人学习的"先赋"，也是"阻力"，是构建教师反思模型的固有前提。教师反思模型的建构，正是要"审判"的这样的"前提"，为构建更加高级的经验提供可能。

（2）突出思维属性——思维是过程与目的的合一。在以往的反思模型中，反思常与实践、教学合并，组成反思性实践、反思性教学等概念使用，严重遮蔽了反思的思维属性。所以，构建有效反思的层次模型，要避免因强调教育的实践特性而忽略反思的思维属性的情况，坚持思维是过程与目的的合一。

（3）锚定模型追求——"有效"从根本上是幸福的增进。后现代以来的教育及教育学发展中"人"的价值凸显，这里的人既包括传统教育学中的学生群体，也包括教师这一群体，故"幸福的增进"既是受教育者的追求，也是教育者的追求。概而言之，"有效"追求的是幸福的增进，则有效反思从根本上也是追求师生幸福的增进。

---

① 诺尔斯. 现代成人教育实践 [M]. 蔺延梓，译. 北京：人民教育出版社，1989.

第二节 教师专业发展路径之合作对话

一、教师合作与教师专业发展

（一）教师合作的基本内涵

1. 教师合作是一种人际互动方式

教师合作主要是教师与其同事间的一种人际互动方式或关系形态，旨在促进教师专业发展与学校教育改革。教师间的互动可分为专业互动与非专业互动（即社会—情感互动）两种，专业互动为非专业互动指明方向；非专业互动为专业互动提供基础。专业互动往往伴随着非专业互动，而非专业互动可以不必都是专业互动，因此，此处的教师合作主要指专业互动。

2. 教师合作要以平等为前提

此处的平等指参与合作的教师在自愿共享、共同负责、共同决策等方面享有同等的权利与义务。此外，平等要求每一位参与的教师都意识到，无论在合作过程中的贡献大小，他们都是合作活动中不可或缺的重要部分。

3. 教师合作需要出于自愿

教师合作活动可以由学校或外部组织发起，但是否构成合作关系主要取决于教师是否自愿参与，如果教师不是自愿参与合作，那么合作关系将很难维持下去。

4. 教师合作具有批判性

事实上，有效的合作并不是以观点相似为基础进行的，恰恰是因为参与者们有着不同的观点，才能促使他们之间进行充分的批判性，并最终达成一致，从而获得良好的合作效果。因此，在教师合作中，参与者间应该是一种"诤友"的关系。

由以上内容可以总结出教师合作的基本内涵：教师合作指教师们为了自身专业发展与教育改革，以平等、自愿为前提，与其他参与者围绕同一问题进行讨论，共同探讨问题解决方法而产生的一种批判性互动关系。

（二）教师合作对教师专业发展的意义

1. 有利于激发并强化教师的专业发展意愿

教师的专业发展主要取决于两个方面的因素：一是非认知因素，包括态度、动机、价值观等，这类因素决定了教师的专业发展意愿与准备状态；二是认知因素，包括专业知识、专业能力等，这些因素决定了教师专业发展的水平与能力。

长期以来，很多国家在促进教师专业发展方面都存在着重视认识因素而忽略非认知因素的情况。这样便会导致教师专业发展过于依赖制度性激励与约束，教师内在自身专业发展意愿、需求得不到满足的情况。事实上，个体的情绪、情感等非认知因素会在一定程度上决定个体的行为。而在众多情绪、情感因素中，对个体行为影响较大的是焦虑。关于教师焦虑的研究，很多人关注的都是焦虑对教师专业发展产生的消极影响，并将焦虑视为教师实现专业发展过程中需要克服的对象，这种观点是不够全面的。焦虑具有积极与消极两方面的作用：在特定条件下，焦虑能够对教师专业发展起到积极的促进作用，激发、维持、加强教学活动的进行；如果过度焦虑，会使教师产生职业倦怠，从而阻碍其专业发展。

焦虑不同性质的作用要求教师在专业发展的过程中，既要激发焦虑，又要把控好焦虑的程度。对此，教师合作不仅能激发焦虑，还能控制焦虑，从而有效激发、强化教师的专业发展意愿。

（1）教师合作能够激发焦虑。由上述内容可知，教师合作鼓励开放化、多元化的批判性互动。而这种互动形式再加上教师自身对解决问题的渴望便会引发教师个人或合作集体的焦虑。换句话说，在教师合作过程中，不同观点之间的交流与碰撞会让教师产生焦虑。这种焦虑可以让教师意识到学习与发展的重要性，从而产生深入学习的意愿。

（2）教师合作能够控制焦虑。由过度焦虑产生的职业倦怠是教师专业发展中的一种危机。如果无法克服这种危机，教师就无法实现专业发展。对教师而言，获得他人的支持与帮助是克服危机的有效方法。

2. 有利于提高教师的反思能力

通过教师合作，可以从合作者那里获得专业帮助与情感支持。其中，专业帮助对教师个人反思能力的提高有很大的促进作用。

教师合作对教师个体反思能力提高有促进作用，主要体现在，同事在合作过程中所扮演的角色——形成性评价者。为了不断提高自身专业素质水平，教师在专业发展过程中往往希望获得多方面的形成性评价与反馈，因为只凭借个人的独立反思很有可能会因视野过窄而产生认知偏差，从而难以得到进一步发展。而在教师合作中，可以通过听课、讨论等形式在合作过程中扮演形成性评价的角色，为教师提供不同角度的建议，帮助其更好地进行自我反思。此外，许多研究者也表示，反思教学虽然是一种个体活动，但它需要获得群体的支持，好的反思教学不仅是自我批判的，还是合作民主的。

3. 有利于促进学校组织学习

学校组织学习与个体学习的不同之处在于：学校组织学习并非个体学习的单纯积累或总和；由于个体学习发生于个体内部，因此获得的知识内容也只停留于个体内部，而学校组织学习获得的知识内容会作为组织的成果积累起来，即便组织成员或领导有更换，这些成果也不会受到影响。由此可见，个体学习是无法替代学校组织学习的。

教师合作对学校组织学习的促进作用集中体现在以下两个方面：

（1）有利于学校组织文化的形成、传授与变革。组织学习揭示了组织文化对组织学习的重要作用，因此，越来越多的人开始重视从组织文化的角度研究组织学习。事实上，在学校组织学习中，教师可以获得从大学专业学习中所无法获得学习成果，对学校组织、环境产生更深层次的认知，从而变革价值基准并改变行为方式。这些学习成果将作为新的学校组织文化，在促进教师专业发展方面发挥重要作用。教师合作让超越个体的集体学习成为可能，将处于学校组织文化深层次的缄默知识纳入教师自我反思的范围，能够有效提高教师专业能力，促进教师专业发展。

（2）有利于教师个人知识与实践知识的总结与推广。组织学习是组织内获得知识、创造知识以及传播知识的过程。从这个角度看，一个系统的传播机制是组织学习所应具备的必要条件之一，即少数人所掌握的知识必须通过系统的传播机制共享给其他人，并成为组织共有的知识。

正确认识教师实践性知识的存在及其在教师专业知识结构中的重要性，是近年来教师知识研究的重要成果。而如何对作为缄默知识的实践性知识进行显性化处理，使之成为可以被教师们共享的知识，是学校组织学习中的关键问题。教师合作可以有效解决这一问题。在教师合作中，教师可以通过与其他人之间的积极交流与互动，将个体的实践性知识概括化、结构化、条理化，从而实现知识的获得、创造与传播。

二、促进教师合作发展的有效途径

在促进教师合作发展方面，可采取的途径如图 4-5 所示。

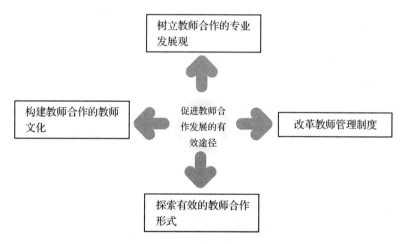

图 4-5　促进教师合作发展的有效途径

（一）树立教师合作的专业发展观

任何方面的革新都必须以转变观念为前提，教师合作发展也不例外。目前，合作已经成为人们所倡导的一种重要理念与生活方式，在人们的生产生活中发挥着至关重要的作用。对教师而言，如果没有合作的意识，只顾独自奋斗是很难得到发展的。因此，想要促进教师合作发展，必须转变传统的教师发展观念，树立沟通合作的教师发展观。

（二）改革教师管理制度

理性化教师管理是一种比较有代表性的教师管理制度。这种管理制度以"组织"或"工作"为核心，强调通过定量研究手段对教师实施监督与管理。虽然这种管理制度能够在一定程度上提高管理效率，但它却与教师劳动的长效性、创造性、复杂性产生了强烈冲突，不利于教师专业发展的自主性。如果理性化教师管理在工业时代有盛行的必要性，那么在知识经济时代的到来，以及人类生产方式的变革下，它必须做出相应的变革，从激发教师内在动力入手，实现人性化管理。

人文管理诞生于 20 世纪 20 年代，这种管理制度主要通过价值导向、情感凝聚以及信念支持等方面激发教师的内在潜能，使教师的行为发自内心。人性化的教师管理提倡教师主动追求自身专业发展的价值观念，利用崇高的信念引导教师不断突破自己现有的能力水平。当教师得到人文关怀与鼓舞时，他们必然会产生自我超越的愿景，在他们遇到挫折与困难时，会主动找到同事寻求专业发展上的帮助，获得社会—情感方面的支持，而在这个过程中，教师合作便自然而然地形成了。而这种发自内心的合作才是真正意义上的教师合作。由此看来，想要促进教师专业发展，则需要改革传统教师管理制度，采用人性化的教师管理制度。

（三）探索有效的教师合作形式

合作形式是教师合作的重要载体，如果没有切实可行的教师合作形式，教师合作便无法顺利进行。

1. 合作教研

教研是一项极具系统性的工作，它需要很多人调动集体的智慧来解决问题，因此，合作是教师进行教研活动的客观需要。同时，这种客观需要也为教师合作提供了重要契机。当教师们集合在一起组成课题组，共同探讨、研究某个课题时，合作也由此发生；课题组中的教师都是为了相同的目标走到一起的，所以他们在利益与兴趣上具有一致性；在课题组中，每个成员都是平等的，即便有人担任课题负责人，但他与其他成员之前仍然是工作关系。

虽然教师课题组已经初步具备教师学习型组织的基本特征，但要使其成为真正意义上的教师学习型组织，还需要对教师课题组的定位进行适当的调整，即使其从一般的学术组织转变为践行终身学习理念，注重培养教师研究态度、创新精神等品质，使教师工作学习化、教师学习自主化。

2. 集体备课

集体备课可以将教师的个体创造性融进群体中，使封闭性的个人创造转变为群体之间的互动与交流，通过信息共享、集思广益实现共同进步、共同发展。

（1）集体备课对教师合作的促进作用。

其一，良好的组织性。一方面，每位教师在集体备课的组织中，都享有同等权利与义务。另一方面，集体备课具有组织性的特征，即有自己的组织领导与决策机制。事实上，教师合作的自然性与组织性并不冲突，自然性是针对教师合作的产生而言的，即教师合作需要以自愿为前提；而组织性是针对教师合作的运作过程而言的，即教师合作的运行过程中，需要有特定的组织机制作为保障。如果没有组织性，教师合作便很难取得实质性进展。

其二，潜在的团体智慧。此处的团体智慧指备课组织中的各位教师通过互相配合、协调而形成的具有增值效应的集体智慧。这种智慧对教师专业发展具有重要的促进意义。

其三，共同的目标。在集体备课中，来自不同教研组、不同学科或处于不同专业发展阶段、不同年龄的教师有一个共同的目标，那就是通过与其他教师的交流与合作，促进自身与集体的专业发展。

（2）集体备课促进教师合作的策略。为了更好地促进教师合作，集体备课在开展过程中的注意事项。

其一，集体备课不应该以完成某项任务为目的的强行规定，而要根据教师在专业发展或教学过程中遇到的实际问题进行发起。

其二，为了保证集体备课能够顺利、正常运行，需要充分激发教师的参与积极性，提高教师在集体备课中的投入程度。

其三，参与集体备课的教师应该在目标、意见、兴趣以及利益等方面达成共识。在此基础上，应尽可能地扩大集体备课的教师来源范围，使教师能够获得更大范围的交流机会。

其四，集体备课虽然是一种集体行为，但同时要尊重教师的个性发展。集体备课组织内的每一位教师都应该从集体的行动目标出发，形成自己独特的见解，并在与他人合作、交流的过程中，积极表达自己的想法，认真倾听他人意见，不断完善自身存在的不足之处，努力超越自我。随着教师个体的不断发展，整个备课集体将得到更好的发展。

其五，教师作为集体备课的组织者、管理者，应做好宏观调控的工作，树立整体意识，积极听取组织成员的意见；作为集体备课组织成员，要熟悉课程资料，积极分享自己的经验。

3. 将年级组建设为教师学习型组织

学校内的年级组通常都有着一定数量的教师成员，这些成员在知识背景、实践经验以及生活理念等方面都有着相似性，他们共同的经验构成了组织的知识库。随着教学活动的开展以及组织间互动的持续进行，这种经验会不断积累、更新、发展，并在组织中得到保存、发扬。

年级组可以在多个维度上促进教师合作的开展。在横向维度上，年级组在开展跨年级、跨学校，甚至跨地区的教师交流活动中具有较大优势，它可以实现更大范围内的教师合作。在纵向维度上，年级组可以让教师合作保持时间上的延续性。年级组中的各个成员在具备自身个性的同时，也体现出一定的社会相似性。而这种社会相似性在组织愿景的影响下，保持稳定性与持久性，使组织内的各位教师能够进行长久的合作。在深度维度上，由于年级组是一个扁平化、稳定性较强的教师组织，通过长时间的积累与完善，教师合作会逐渐发展为理想的状态，促使年级组转化为成熟的教师学习型组织。

在将年级组建设为教师学习型组织的过程中，学校需要注意两点：其一，必须认识到年级组在促进教师合作发展中发挥的重要作用，鼓励、支持组织的发展；其二，了解年级组在组织发展过程中存在的局限性，对其进行准确的定位与引导。

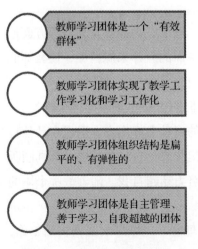

图4-6　教师学习团体的特点

4. 教师自主成立学习团体

学习团体指拥有共同愿景，采取多种方式进行互动学习的团体。与一般的学术性团体不同，学习团体的主要目的并不是取得某项学术性研究成果，而是获得他们所关注课题的解释性理解，从而不断改变组织成员的观念与行为。教师学习团体指由教师自发组织，以提高自身专业素质水平为目标，积极探索各种学习方式，强调组织成员资源、经验共享、实现共同发展的学习型组织。教师学习团体的特点如图4-6所示。

（1）教师学习团体具有有效群体的要素。

其一，在教师学习团体中，每个成员在从他人那里获得帮助的同时，也在尽力帮助别人，实现经验共享。

其二，每个成员都能正确认识到教师学习团队存在的主要目的，所有成员有着共同的专业发展目标。

其三，每个成员都能够主动调节与其他成员的关系，在面对冲突与矛盾时，善于倾听、接纳别人的观点与情感。

其四，教师学习团体通常有着由成员共同订立的规定，民主化的决策程序。而且在成员眼中，这些过程也是他们明确共同愿景的过程。

其五，成员能够对自己在整个团体中的价值与作用形成正确认知，并主动反思如何为团体贡献更大力量，或怎样在团体中学习到更多的知识。

（2）在教师学习团体中，教师的学习是基于教学工作，为了更好地完成教学工作，并在教学工作中进行。实现了教师学习与教师工作之间的紧密结合，有利于促进教师的专业发展。也正是这一点，使教师学习团体成为各种学习型组织的重要典范。

（3）由于教师学习团体是教师们自愿组建的，因此，团体中教师合作具有自然合作特征。在自然合作状态下，各个成员都是平等的，团队的各种理念与设想都能够普及给成员，成员的想法也可以及时反馈给团队，如此一来，团队成员间可以进行充分的交流与互动。

（4）虽然教师学习团体与其他教师合作形式一样，也需要核心人物的感召，但在其中发挥中心作用的是教师的自我发展意识与自我管理能力。在教师学习团体中，教师们围绕共同的目标，互相帮助、互相学习，主动承担起学习改善、发展自我的责任。这种"自组织"的合作形式是教师学习团体的重要特点之一。

（四）构建教师合作的教师文化

文化是区分社会现象与自然现象的重要标志。文化有广义与狭义之分，广义层面上的文化指人类认识世界、改造世界的活动方式、作用、成果的总和，包括人的创造活动与创造结果；狭义层面上的文化指人们的精神生活领域，虽然有些文化是以物质财富的状态存在，但它主要指物化中的精神，而非物质本身。

教师文化指教师在教育教学过程中逐渐形成并发展起来的价值观与行为方式，如教师的价值取向、教育理念、职业认同、情绪行为等。

1. 影响教师文化形成的因素

（1）教师所在学校的校园文化水平。

（2）教师的教育教学环境，其中包括教学设施、学生生源质量、教育科研条件以及学校教育教学传统等。

（3）教师所在学校的类型与级别，如是综合类还是师范类，是大学还是中学、小学等。

（4）教师所在学校的教师管理制度与领导风格。

（5）教师对自身职业的认同程度。

（6）教师群体的习惯、素质、兴趣、风格等。

2. 构建教师文化的必要条件

为了促进教师专业发展，学校应从教师专业发展的需求出发构建合作的教师文化。而且，这种文化不应是按照特定程序或硬性规定创造出来的人为合作文化，而是以自愿性、自发性为原则创造的自然合作文化。只有在这种文化的背景下，教师才能产生追求自身专业发展，以及与他人共同探究、相互促进的愿景。这种合作教师文化的形成需要满足以下重要条件：

（1）学校要为教师合作留出一定的时间，并提供教师互相观摩、交流、合作的机会。

（2）参与合作的教师之间要形成统一的教学目标的规划。

（3）参与合作的教师要具备相互支持、相互配合的品质，在合作过程中，学会体谅他人、积极参与讨论、主动分享自己的观点。在个人利益与集体利益产生冲突的情况下，愿意以集体利益为重并做出适当"牺牲"。通过教师间的互信互谅，形成共同的价值观，通过共同探讨、知识与经验分享等，实现共同发展。

（4）形成有自身特色的教师文化。教师文化具有历史性与群体性。不同学校、教育阶段、学科的教师文化是不同。因此，想要提高学校教学效果、促进教师专业发展，则需要结合本校、所处的教育阶段以及所教授的学科构建具有自身特点的教师文化，以独特的教师文化促进教师合作发展。

第三节　教师专业发展路径之教学相长

一、教学相长的解读

想要实现教学相长，促进教师专业发展，必须从"教""学"以及"师生关系"的角度对教学相长进行新的解读。

（一）对"教"的理解

1."教"的主要特征

现代教学中的"教"主要具备以下重要特征：

（1）"教"是一种建立在"乐学"基础上的"乐教"。

（2）"教"的过程实际上是教师与学生进行交流与互动的过程。

（3）"教"的目标在于培养学生的学习意识，让学生具备自主学习的能力。

（4）"教"以教师为主体，但他们并不能取代学生在学习中的主体地位。

2."教"需要激活的几项情感功能

事实上，学生是否"乐学"主要取决于教师的"教"是否是一种激发情感、启迪智慧的"乐教"。在现代情感心理学领域中，人的情感具有多方面的功能，如果教师能够在教学过程中通过"乐教"激活这些功能，便能够有效提升学生的学习质量与整体教学效果。

（1）调节功能。情感对人的认知操作活动具有组织或瓦解功能，基于这一点，教师可以通过激发情感的方式提高学生认知活动效率。

（2）协调功能。情感具有提高或降低个体对他人言行的接受程度，教师如果能合理利用这一功能，便能使学生对知识产生更深的理解。

（3）疏导功能。情感具有促进或阻碍人际关系的功能，如果教师在教学过程中能够合理利用情感的疏导功能，那么就可以更好地维护、改善与学生之间的关系。

（4）动力功能。情感对个体行为具有增强或减弱的作用。教师如果能在教学过程中恰当利用情感的动力功能，便可以有效激发学生的学习兴趣，大大提高教学效率。

随着知识经济时代的到来，培养创造型人才已经成为时代对教育的新要求。而培养创造型人才的关键在于实现"乐教"与"乐学"的融合。现代教学的"教"是以"乐学"为基础，强调营造良好教学环境，注重培养心理情感，追求学生创造性思维培养的新的教学方式。

（二）对"学"的理解

在现代教学中，"学"主要具备以下几个特征：

1. 学生是"学"的主体

学生在学习中的主体地位需要得到教师的尊重。只有这样，学生的主体作用才会得到充分发挥。

2. "学"的最终目的是获得持续发展

对学生而言，学习的最终目的是掌握独立生存、创造、持续发展的能力。因此，"学"的主要任务应该从单纯的知识积累转变为培养问题意识与批判反思能力等。

3. "学"是学生主动思维发挥作用的过程

教学如果缺乏学生的主动参与积极思考，便会变得枯燥乏味。只有当学生的主动思维开动起来后，课堂"信息场"的信息传播速度才会变快，信息交流的质量才能得到有效提升。

4. "学"不只停留在课堂

现代教学中"学"的场所不再局限于课堂，而逐渐扩展到社区、家庭、社会以及网络空间中。

（三）对"师生关系"的理解

想要正确理解"师生关系"，必须明确教师发展与学生发展之间的关系。

1. 教师发展是学生发展的前提

学生的成长与发展离不开教师的培养与引导，如果教师无法得到很好的发展，那么学生的发展也会受到影响。虽然在学习型社会中，教师已经不再是学生获取知识的唯一途径，但教师发展对学生发展的影响仍然是不可忽视的。

2. 学生发展能够促进教师发展

学生发展对教师发展的促进作用主要体现在，学生发展能够为教师发展提供动力。当教师看到自己教的学生取得了较大的进步与发展时，便会产生一定的成就感，而这种成就感能够促使教师明确自身优势，不断完善自我，实现教学相长。

二、实现"教学相长"的途径

（一）"教学相长"的前提——树立正确的学生观、教学观

对教师而言，想要实现"教学相长"，首先要做的是更新观念，树立正确的学生观、教学观。

1. 树立正确的学生观

教师劳动中最基本的人际关系就是师生关系，而这种关系同时是实现"教学相长"的重要基础。良好的师生关系要求教师做到以下两点：

（1）关爱学生。事实证明，教师的关爱可以使学生对学习产生更高的热情，感受到自我价值的实现。当然，教师的关爱需要讲究技巧，没有技巧的关爱是无法达到教育的目的的。教师对学生关爱体现为尊重学生、理解学生、信任学生、关心学生等。学生具有独立人格与自我价值，教师必须以平等的态度对待他们，成为学生学习上的最佳伙伴，要积极与学生进行沟通、交流，接纳学生提出的意见，鼓励学生进行自我表达。

（2）公平对待每一位学生。教师应该树立公平、平等的意识。在教师眼中，学生不应该有高低、优劣之分。教师应该将每个学生当作一项有待研究的课题，将学生之间存在的差异作为丰富教育艺术的资源。只有这样，教师才能发现学生身上的"闪光点"，培养学生的各方面能力，最大限度地促进学生的全面发展。在日常教学中，教师必须尊重学生的独立人格，尽可能采用不同的评价标准、评价方法去评价不同的学生，平等尊重每一位学生的身心发展。

2. 树立正确的教学观

教学相长的理念最终要落实到教学中的。所以，教师对教学的认识在很大程度上决定了教师与学生能否实现共同发展。

教师应改变传统教学观念，正确认识现代教学观念的本质特征。与传统教学观念相比，现代教学观念主要具备以下特征：其一，强调知识、技能、智力以及心理素质的全面发展；其二，强调"乐学"与"会学"；其三，强调师生互动，"教"为主导，"学"为主体；其四，在重视经验性教学的基础上，

追求科研性教学；其五，在强调一般发展的同时，重视学生的个性发展；其六，强调内在学习动机与外在学习动机的有机结合。

随着教学观念的转变，必然会使学生的学习也发生相应的改变，即从传统转向现代，如表4-3所示。

表4-3　传统学习与现代学习的区别

区别之处	学习类型	
	传统学习	现代学习
角色中心	以教师为中心	以学生为中心
感官刺激	单一感官刺激	多感官刺激
学习路径	单路径进步	多路径进步
媒体使用	单一媒体	多媒体
学习方式	独立学习	协作学习
信息处理	信息传递	信息交换
学习性质	被动学习	主动、探究式学习
学习情景	孤立的人工情景	客观、真实情景
反馈机制	反射式回应	主动的、有计划的行动
思维模式	事实性、基于知识的学习	批判性思维、分析信息、做出决策

（二）"教学相长"的关键——教学实践

要想实现"教学相长"，树立正确的观念是非常有必要的，但更重要的是能否在教学实践中实现教师与学生的共同发展。因此，实现"教学相长"的关键是教师如何进行教学。根据"教学相长"的理念，教师在教学实践中需要做到以下几点：

1. 以服务学生的自主学习为宗旨，注重培养学生的批判思维能力

如果将工业化社会视为一种学校化社会，那么信息化社会就是一种学习型社会。在信息化社会中，人们逐渐树立了终身学习的意识，相应地，学校教育也承担着为人们终身学习奠定基础的重要任务。而这一任务的关键在于培养并提升学生终身学习的意愿与能力，即使学生能够"学会学习"，具备满足社会发展需要的能力。

终身学习的核心在于自主学习，如果学生没有自主学习体验发展的意愿和能力，那么终身学习就成了空谈。学生自主学习中的"自主"涉及两个方面的含义：一方面是过程与手段层面的自主，如果学生没有进行充分的自主学习实践，就很难实现自主学习；另一方面是目的层面的自主，在信息化社会中，涌现了大量信息，且这些信息正以前所未有的速度进行传播，对此，如果学生缺乏自主意识与能力，就会在信息大潮中迷失方向，失去自我与方向感，而无法实现终身学习。

教师在教学过程中可从三个方面引导学生强化主动思维、实现自主学习。

（1）自学。自学指让学生自己明确目标，制订计划，并按照计划进行学习。自学能力是一种需要依靠独立探索精神，进行个性化学习的能力。教师判断学生是否学会自学的标准在于：获取知识的过程中是否具有主动性；在发现问题方面是否具有敏锐性；遇到困难时是否具有坚韧性。

（2）自评。在教学过程中，教师应引导学生进行自我评定，因为自我评定能让学生更好地掌握自身的学习情况，有针对性地调整学习计划，提高自身学习水平。教师判断学生自评水平高低的依据有三个：学生的自我激励能力、自我定向能力以及自我诊断能力。

（3）自控。自控指自我监控，它涉及制订学习计划、调整认知策略、采取补救措施调整目标方向以及检查学习结果等方面。教师判断学生自控水平能力高低的依据包括学习时间利用的科学性、学习内容的计划性、查缺补漏的自觉性。

当然，实现学生的自学、自评、自控还需要有批判思维做支撑。批判思维指个体对某一现象或事物的长短利弊进行的评判，它要求人们对所判断的现象与事物具有独特且具有建设意义的见解。如果没有批判思维，自学、自评、自控就成了空话。

学生的自学能力与批判思维能够有力地推动教师的专业发展。教学最高的境界不在于讲述与讲解，而在于启发。启发的重要方式是提问。因此，教师应该引导学生敢于提问、善于提问，同时，教师应提出具有挑战性的问题，在与学生一同探索问题答案的过程中实现共同发展。

2. 形成良好的师生关系，实现多向交流

想要实现理想的教学效果，民主自由的气氛、良好的交往模型必不可少。

从社会心理学的角度看，课堂教学的过程实际上就是教师与学生进行意志、情感、认知等方面的交往的过程。

教师与学生的交往关系主要有四种类型：第一种，教师与全班同学的单向交往；第二种，教师试图与学生进行来回交往；第三种，教师在与学生保持来回交往的同时，也鼓励学生之间的正规来回交往；第四种，教师作为集体中的参与者之一，鼓励集体中的所有成员来回交往。显然，在以上四种类型的教师关系中，只有第四种能够使学生的自主性与自我超越性得到充分发挥。

想要实现教学相长，教师与学生在教学中需要保持一种多向交流关系，即教师与学生、学生与学生相互启发、相互交流、相互促进。在这个互动过程中，教师与学生交流、分享彼此的体验、情感、思考，进行思想的碰撞，不断获得新的发现，达成共识、共享、共进，从而实现"教学相长"。

3. 转变教学方式，实施探究式教学

随着传统教学封闭式、接受式、被动式学习方式的弊端日益显现，人们开始转而探求一种探究式、开放式、自主式的学习方式，并将其作为教育课程改革的重要切入点，由此形成了探究式教学。与传统教学模式相比，探究式教学改变了教师与学生之间的互动方式，可以更好地提高学生的实践能力与创造能力。

（1）探究式教学具备实践性、自主性、过程性、开放性等特征。它在推动"教学相长"方面的意义如下：其一，在教学目的方面，探究式教学强调培养学生的创新精神与动手能力，使学生不断获得发展，也使教师的发展获得了更加鲜活、充实的源头。其二，在探究式教学中，教师通过引导学生进行学习与思考，增强了自身的问题意识与科研能力，而这种意识与能力有利于教师在教学实践中更好地把握发展机会，促进自身专业发展。其三，探究式教学强调师生互动，不仅有利于构建良好的师生关系，还能有效促进教师与学生之间的相互学习、共同进步。

（2）在实施探究式教学的过程中，教师应遵循以下重要原则：其一，重视学习方法的指导；其二，重视知识与经验的整合；其三，重视学生主体作用的发挥；其四，重视讨论方法的运用；其五，对教学过程进行反思性评价；其六，选择有效、合理的教学形式；其七，为学生营造良好的学习环境。

（3）探究式教学的实施程序：产生问题意识（包括激发学生兴趣的意识、和谐的教学环境意识、敏感的教育对象的意识）—形成假说—整合资料—得出结论—验证结论—反思与评价。

（三）"教学相长"的保障——技术性教学手段

教学相长的过程主要包含两个环节：其一，教师在教学过程中要达到"知困"的地步；其二，要在"知困"的基础上进一步实现"自强"。然而，想要实现"知困"和"自强"，则需要采取一定的技术性教学手段。

教师需要明白，采用技术性教学手段并不是要一味地求新、求异，而是要真正理解技术性教学手段的内在意义，并积极思考如何在实际教学环境中创新性地运用这些手段。只有这样，才能充分发挥技术性教学手段的作用，实现教学相长。下面仅以师生对话为例展开讨论。

师生间的平等对话不仅是师生互动的必要途径，也是实现教学相长的重要手段。在日常教学中，教师想要实现与学生间的平等对话需要做到以下几个方面：

其一，为师生平等地对话营造一个自然、和谐的课堂氛围。

其二，以提高自身与学生的想象力、批判力，学生全面发展与教师的专业发展为最终目标，选择恰当的对话形式。

其三，教师在对话过程中应该充分发挥自身在知识结构、生活经验以及认知水平方面的优势，将这些优势应用于对话中，以促进学生的发展。

第四节　教师专业发展路径的新进展

一、极简教育技术推动教师专业发展

（一）极简教育技术的含义与特点

极简教育技术指那些便捷、易用、简约不简单、用户体验良好的教育技术，它们可以帮助教师和学生更高效地进行在线教学和学习，同时减少不必要的操作和干扰。

极简教育技术主要具备以下重要特点：其一，掌握简便。易学、易用、方便、省时，无学习障碍。其二，能解决问题。实用、有效，能够解决工作中的实际问题。其三，提高效率。减轻工作强度，提高教学效率和质量。[①]

（二）极简教育技术对教师专业发展的促进作用

1. 有利于改变教师对技术的传统认知

教师意识到教育技术拥有巨大潜力的同时，可能会陷入对技术的恐慌与排斥的矛盾中。传统的教育技术往往较为复杂、难以掌握，给教师带来了一定的压力。相比之下，极简教育技术更容易掌握，且能有效地解决教师在教学过程中所遇到的问题，有效提高教学效率，大大降低了教师信息化专业发展的门槛，能够帮助教师改变"技多不压身"的传统观念，形成以需求为导向、以问题为导向的技术学习的新认知。

2. 有利于帮助教师回归课堂

从本质上看，教育与技术的最终目的都是服务于人，是促进人全面发展的重要手段。因此，教师在教育教学过程中，应该将教育的本质作为核心，关注课堂教学的有效性，而不应该被烦琐的教育技术分散注意力。基于此，极简教育技术的应用能够帮助教师摆脱烦琐教育技术的束缚，将更多的时间与精力放在课堂教学中，以不断提高教学效率与教学质量。

3. 有利于革新教师专业发展培训模式

我国教师专业发展培训模式长期面临着一些困难，而只凭借传统手段是很难彻底解决这些困难的。对此，急需通过一些新的教育技术来促进教师专业发展培训模式的革新。极简教育技术凭借着简单、易上手的优势，有效激发了参与培训的教师的积极性，进一步增强了他们在培训中的学习体验。极简信息技术使教师专业发展培训不再是一个简单的信息灌输过程，而变成了一个"体验—反思—内化—实践"的过程。

（三）极简教育技术促进教师专业发展的策略

1. 树立极简教育理念

（1）形成正确的技术需求认知——按需学习。教师需要正确认识极简教育技术，以缓解由此产生的压力与焦虑；结合当前发展需要，选出恰当的教育技术进行学习；将关注点从"教育技术"上转移到"使用教育技术的人"上。

---

① 吕崇平，叶迎春，杨志东，等.创新学习研究与探索[M].哈尔滨：哈尔滨出版社，2021：94.

（2）顺应极简教育技术的发展趋势。随着人工智能以及移动终端设备的应用与普及，教育技术开始朝着简单化、大众化的方向发展。在这种情况下，教师应顺应时代发展的趋势，掌握那些对自身专业发展价值较大的技术；在应用极简软件与工具的过程中，不断提高自身的技术应用能力；辩证地看待极简教育技术的优势与不足。

（3）掌握极简主义的核心理念——少即是多。极简教育技术脱胎于极简主义理念，为教育领域带来了新的机遇。对此，教师需要意识到，极简教育指用最简单的教育技术向学生传授教学知识；正确处理教师主体与技术主体之间的关系。

2. 开发极简教育资源

（1）鼓励开发极简教育工具与软件。其一，加强培养、引进软件工程相关专业的优秀人才；其二，丰富、优化软件开发、升级工具；其三，鼓励软件开发者深入了解教师的技术需求，提高软件开发的针对性、有效性。

（2）实现精准定位与资源共享。在资源推广方面，极简教育应该朝着普及化、规模化、成熟化方向发展，使极简教育资源得到最大程度的推广与应用。

（3）结合教师反馈持续优化极简教育资源。可以在极简教育资源共享处设置意见栏，获取教师反馈；可以通过组织教师信息素养能力测评，定期获取教师反馈；可以以极简教育技术为主题，创建互动交流平台，广泛收集反馈信息。①

3. 构建极简教育培训模式

极简培训是一种时间较短、内容极简、方法灵活、情境真实，能够有效提高学习、工作、生活效率和质量的培训方式。

（1）树立终身学习理念。未来教育势必走向在线教学和课堂教学融合的模式，对此，教师应该树立终身学习的理念，积极参加极简培训，掌握新理念、新技术、新教法，不断提高自身应用极简教育技术的能力。

（2）完善校本培训机制。为了更好地构建极简教育培训模式，学校层面

---

① 张小双，马恩光，张晓梅. 极简教育技术赋能教师专业发展路径探究：基于教师学习体验视角分析 [J]. 中国信息技术教育，2023（19）：100–104.

需要从以下几个方面入手：其一，加强校本培训，充分发挥极简培训的作用；其二，提升教师教育培训水平，满足教师的多样化需求；其三，采用有效的极简培训策略，如快闪式培训、按需分层培训等。

二、人工智能与教师专业发展的耦合

（一）人工智能对教师专业发展的促进作用

随着科学技术的不断发展，人工智能逐渐应用于教育领域，成为提高教学质量、促进教师专业发展的重要力量。对教师而言，人工智能的促进作用主要体现在以下三个方面：[1]

1. 帮助教师转变角色

在未来，教育领域将迎来教师与人工智能协同工作的局面，为了迎合这种发展趋势，教师必须及时转变自身观念，重构自身角色。同时，这要求教师摆脱传统的灌输式教学模式，更加关注学生的人格培养。

（1）从知识的传递者转变为人机共育的育人者。教师要充分发挥自身在教育教学过程中的主导作用，挖掘学生潜能，帮助学生达到自我实现的目标。

（2）从教师角色转变为人机共育的反思者。在智能时代下，教师应该将反思的重点从经验回顾转向数据驱动，在人机互动中不断提高自身的专业发展水平。

（3）从教师角色转变为人机共育的创造者。随着人工智能与教育领域融合的不断深入，必然会引起教学实践、教师角色等方面的转变。对此，教师应当积极学习先进技术，树立创新理念，利用好人工智能这一重要手段，不断优化教学，成为智能时代下的优秀创造者。

2. 促使教师情感回归

虽然人工智能的出现给教育领域带来了极大的便利，有效提高了教学效率，但它依然存在一定的局限性。与人工智能相比，教师对学生产生的影响不只停留在行为层面，还包含精神层面。此处的精神层面主要指教师的情感价值。事实证明，情感是教师精神成长的重要方向，它能够在一定程度上反

---

① 李玉婷，季茂岳，马永全. 智能时代高校教师专业发展的机遇、困境及突破路径 [J]. 教育理论与实践，2024，44（18）：50-55.

映教师的生命态度。在理性的技术时代，如果教师不重视与学生的情感沟通，忽略了对学生的情感培养，就会导致与学生的情感疏离，最终导致课堂"沉默"现象。基于这一点，学校在利用人工智能提高教学效率的同时，也要注重教师的情感回归，重视教师情感对学生发展产生的重要影响。

3. 激发教师专业智慧

人工智能的智能生成知识技术打破了传统的知识秩序，原本由部分人掌握的知识如今变为人人共享，教师不再是学生获取知识的主要来源。在这种情况下，教师的角色也自然从知识的传授者转变为学生学习的引导者，这就要求教师掌握先进技术，发展自身智慧，具备将人工智能与人类智慧相结合的能力，成长为符合时代发展的智慧型教师。

（二）人工智能与教师专业发展的深度耦合机制

1. 人机融合机制

虽然人工智能在促进教师专业发展、建设专业师资队伍方面的作用已经得到了国家的高度关注，但对于教师如何利用人工智能技术促进专业发展还未能形成可以借鉴并推广典型经验。对此，国家在支持利用智能技术促进教师专业发展的基础上，还应该鼓励试点单位总结典型案例，探索并总结将人工智能融入教学的理论与实践规律；不断完善教师在智能时代的专业发展标准；关注智能技术引发的道德伦理问题；开发多样化的智能技术培训课程，提升教师的智能技术应用能力；建立完善的智能技术支持体系，为教师提供持续的技术支持和服务保障。

2. 学教共享机制

学教共享机制是智能时代教师专业发展的重要保障。对此，学校需要充分利用大数据、物联网、虚拟现实技术的优势，建立线上线下一体化的智慧学教空间平台，为教师专业发展提供必要的环境条件；构建学教共同体，促进群体成员的深度合作；构建精准化的智慧培训平台，以产教融合、共享共建、优势互补为原则，促进教师专业发展。

3. 内外兼备机制

在智能时代下，教师专业发展的关键之处在于加强主体意识的培养。传统的教师专业发展培训往往以外部刺激为主，对教师内在的主体意识关注不够。而智能时代教师的专业发展正是以教师内在价值与个体观念为基础进行的自我定位与调整。虽然智能时代的到来会迫使教师走向专业自主发展的道路，但教师绝不能被技术所主导，而要将技术为自己所用，坚持自我本位，实现人机共生。

人工智能的出现使教师专业发展的要素发生了变化，即教师的学习对象成为教师教育智能机器人，教师教育的内容成为教育数据知识系统，教师培训课堂成为可复制、可自构的虚拟空间等，面对这些改变，教师在专业发展过程中必须保持清晰的自我价值认知，不断提高自身的反思能力、思考能力。

对教师而言，主体意识是其正确认识自我，实现专业发展的内在动力。智能技术在教育领域的深入、广泛发展，给教师带来了主体意识丧失的风险。为了应对这一情况，教师需要激发自我效能感、身份认同感，明确自己在教学实践中的主体地位，不断强化个人主体意识。

第五章　教师压力概述

无处不在的压力是一把"双刃剑"。作为教师，不可避免地经历着源自社会、学校、家长、学生以及自身等方面的压力事件，如高期望、繁重的教学任务，复杂的学生问题，职称晋升的竞争等。适度的压力可以激发教师的内在潜力，提高工作效率，促进教师专业发展；但过度的压力会适得其反，它不仅会限制教师的创新思维和教学能力的提升，还可能增加教师的心理负担，威胁教师健康，阻碍教师发展。因此，有必要进一步明晰教师压力，以便更好地管理压力。

第一节　压力与工作压力

一、压力的解读

在希腊神话中，西西弗斯日复一日地推着一块巨石上山，却在他到达山顶之前又滚了下来。这个画面直观地展现出人们对于生活中持续不断的问题和各种各样挑战的认识，也很容易让人们联想到当前社会生活情境——做不完的工作项目、持续存在的未读邮件和消息提示、应接不暇的新闻事件等，这些无疑都可能成为压力来源。因此，虽然人们对压力的认识在不断变化和调整，但有一点是公认不变的，那就是压力伴随着每个人的生活而普遍存在，无论何时，无论何地。

（一）压力的含义

"压力"一词最早出现在物理学领域中，指作用在某种物体上的能够使其弯曲或折断的量力。1925 年，该词被引用到社会研究领域中。在人文社会科学领域中，从词源的角度看，"stress"既包括压抑、重压，又包括强调、重要等含义。中文有心理压力、心理紧张、应激等不同含义。压力的含义主要涉及四个方面。

1. 压力情境或事件

压力情境或事件指诱发个体产生压力的客观环境或事件。它既可能是已经发生的事件，也可能是正在面对或将要面对的问题。例如，临近项目截止日期，但任务还未完成；面临重要考试；人与人之间的冲突或矛盾；面临慢性疾病或严重疾病的诊断；生活环境发生变化；遭遇自然灾害；等等。

2. 压力认知

压力认知指对个体对当下或未来压力情境、事件的认知与评价。压力只有被个体所察觉才会产生压力感。不同的认知会导致不一样的压力感。例如，当人们面对生活中突发的巨大变故时，通常会感受到巨大压力，因为人们通常认为变故会对自己的生活和未来产生负面影响，会让自己失去原有的稳定和安全；事实上，变故可能蕴含着新的生机，也会带来积极的方面，如果人们秉持这样的认知看待变故，那么压力感就会小一些。

3. 压力反应

压力反应指个体在外界刺激下所产生的紧张压迫感。它主要包括身体反应、心理反应以及行为反应。例如，面临压力的员工可能表现出工作效率下降、频繁出错、情绪波动大（如易怒或沮丧），他们可能会感到身体疲劳，出现头痛、胃痛等身体不适症状，甚至可能会选择逃避工作，如频繁请假或提出辞职；学生可能表现出学习效率降低、注意力不集中、记忆力减退，他们可能会感到焦虑不安，在情绪上变得易怒、敏感或抑郁，他们还可能出现失眠、食欲不振等生理反应。

4. 压力应对

压力应对指个体在面对压力情境或事件时，利用自身的内、外部资源为消除或预防压力情境与压力事件做出的努力。通常情况下，人们都可以调动自身的免疫系统、社会支持系统（良好的人际关系）等内外部资源积极应对压力，以保障身心健康；但是，当这些系统功能受损或者压力超过人们的承受范围时，人们就需要寻求更多外部干预来应对压力。

（二）压力的分类

压力多种多样，根据不同的角度可以将压力划分成不同的类型，常见的分类方式如图 5-1 所示。

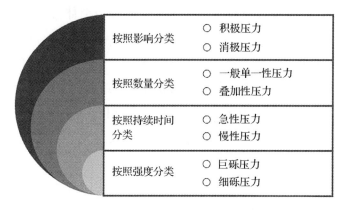

按照影响分类	○ 积极压力 ○ 消极压力
按照数量分类	○ 一般单一性压力 ○ 叠加性压力
按照持续时间分类	○ 急性压力 ○ 慢性压力
按照强度分类	○ 巨砾压力 ○ 细砾压力

图 5-1　压力的分类

1. 积极压力与消极压力

（1）积极压力。它指的是能够激发斗志、活跃思维，使个体潜力得到进一步发挥，提高工作效率，可以给人们带来动力来源的压力。像新婚、晋升等方面的压力属于积极压力，它能给人带来愉快的体验。

（2）消极压力。它指的是会让人感觉到威胁、失去控制，甚至是超出自己极限的压力。消极的压力会影响个体的工作效率、身体健康，严重的话可能会导致焦虑、抑郁等问题。

积极压力与消极压力在一定条件下可以相互转化，而转化的关键在于压力强度的变化。在人们的日常生活中，无论什么样的工作任务都存在着最优的压力值，它能够有效提升个体的工作效率。然而，当个体压力超过这个最优值后，工作效率不增反降。由此可以看出，个体的压力从零趋向最优值时，个体的工作力随着压力值的升高而增高，工作效率随之升高；当个体压力值超过最优值后，压力会转变为阻力，降低个体的工作效率。因此，找到压力匮乏与压力过大的转折点，是将消极压力转化为积极压力、提高工作效率的关键。但同时，由于每个人所处的环境不同，面对的压力事件不同，有着不同的性格特点，压力转折点所处的位置自然不同，这需要个体结合自身情况，细心观察、不断反思才能找到。

2. 一般单一性压力与叠加性压力

（1）一般单一性压力。即存在于个体生活的某一段时期，且通过个体积极应对能够克服的压力或是个体能够逐渐适应并与之和平相处的压力。这种压力在生活中频繁出现，形式多样，能够为个体带来一定的经验与感悟。

（2）叠加性压力。与一般单一性压力相比，这种压力更加复杂、棘手。叠加性压力主要有两种类型：同时性叠加压力与继时性叠加压力。前者指在很多压力事件同一时间内发生；后者指压力事件接连发生，这种压力的威力不在于事件的数量，而在于事件的紧密性，也就是"祸不单行"。

3. 急性压力与慢性压力

（1）急性压力。这种压力主要由近期的事件引起，发生突然但影响时间较短。急性压力事件要求个体具备能够快速调动身心资源应对压力的能力。当人体采用有效手段后，因急性压力事件引发的身体反应能得到相应的缓解。

（2）慢性压力。慢性压力主要由持续时间较长的事件引起，当然也包括经历极大影响的突发事件后持续的慢性压力。慢性压力虽然不像急性压力那样来得突然，但是却会对个体产生较大的危害，在慢性压力的长期影响下，个体的身体机能与心理机能会受到损伤，久而久之，便会引发疾病。

4. 巨砾压力与细砾压力

（1）巨砾压力。即由生活中的大事件引发的压力，如亲人离世、自然灾害等。这种压力虽然不常发生，而一旦出现便会给人带来沉重打击，即便时过境迁，仍然会给个体带来持久的影响。

（2）细砾压力。即由生活中的琐碎事件引发的压力，如上班路上堵车、被领导训斥等。相比于巨砾压力，细砾压力在人们的生活当中时有发生，虽然它对人们的影响比巨砾压力小得多，但当它积累到一定程度时，也会危害人们的身心健康。

（三）压力的好坏与适度水平

1. 压力的好坏

（1）有益无害的压力。压力实际上是对人们精神与身体承受能力的一种要求。当个体的承受能力可以满足这种要求时，这时的压力就是一种有益无害的压力。面对这种压力，人们往往会选择接受并采取迎接性行动。

有益无害的压力会使人体产生相应的压力反应，如呼吸急促、心跳加速、分泌肾上腺素等。这种压力能够给人带来兴奋与愉悦的感受。

（2）有害的压力。当压力超过个体所能承受的程度时，就是有害的压力。这种压力通常是个体不愿选择或是逃避的压力，会让人们感到身心疲惫。

（3）区分压力好坏的角度，如表5-1所示。

表 5-1 区分压力好坏的角度

区分角度	有益无害压力	有害的压力
对个体情绪的影响	引发积极情绪，如兴奋、动力和成就感	引发负性情绪，如焦虑、沮丧和愤怒
对工作状态的影响	促进事业心，增强工作积极性和创造力	引发工作倦怠，降低工作效率和满意度
对身心健康的影响	有利于身心健康，提高幸福感	不利于身心健康，甚至可能引发疾病和心理问题

2. 压力的适度水平

对个体而言，受到的压力刺激不足，会产生厌倦、单调乏味的感受；受到的压力刺激过大，会产生慌乱不安、焦躁烦恼的感受。只有适度的压力水平才能帮助人们顺利应对各种困难与挑战。由于适度的压力水平会受到压力的控制性、选择性等客观因素以及个体对事件后果的预期能力、压力承受能力等主观因素的影响，所以无法一概而论。这要求个体在充分考虑主客观因素的情况下，结合具体的压力事件进行压力水平评估。

二、工作压力的解读

（一）工作压力的含义

工作压力指个体在工作过程中，因工作相关的各种因素（包括心理因素、社会支持因素以及组织情境因素）引起的，使自己的需要或目标受到威胁的紧张感受。工作压力是个体认知和外部环境互动的结果，通常当个体认为外部环境挑战超过了自身可承受范围时，其心理平衡会被打破，从而感受到压力。

劳动是人类维持生存与发展的基本手段。而工作是个体为了谋求生存与发展而在社会上从事的劳动。在现代社会中，竞争已经成为工作的重要旋律，组织间的竞争与个人之间的竞争共同构建了一个全方位的竞争网络。在竞争中，个体的知识与技能得到了进一步发展，社会生产能力有所提升。无论是成功者还是失败者，为了更好地生存与发展，他们在竞争过程中往往都需要承担一定的压力。

工作压力的产生可以概括为三个方面，即工作本身、人际关系、工作角色。工作本身主要指向工作内容，其中包括工作负荷、工作计划和进度、任务性质、重复工作、客户或项目服务等。人际关系包括与上下级和同级同事之间的沟通和冲突。工作角色主要包括角色模糊、角色冲突、角色负担和工作负责等。在工作情境中，个体不可避免要承受来自工作角色的压力；事实上，来自工作角色的压力被认为是个体工作压力的主要来源。

（二）工作压力的心理因素

此处的心理因素指心理学范畴中的各种因素，包括知、情、意以及个性，如图 5-2 所示。

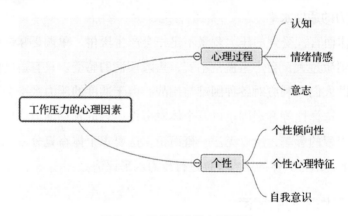

图 5-2　工作压力的心理因素

1. 心理过程中的各因素

在心理学领域中，人的心理过程主要包含认知、情绪情感以及意志三个方面的因素。

（1）认知。即人看待世界的方式。人的认知包括感觉、知觉、记忆、思维、想象、语言。认知主要体现为一个人的感知经验、思想观念、判断是非的标准、阐释事物的风格以及看待人或事物的基本观点等。对工作的不同看法、观念，可能会导致压力增加或减少。

（2）情绪情感。情绪情感是个体对客观事物所持态度在内心产生的体验，包含生理反应、外部表现以及主观体验的整合性心理过程。情绪常常与压力相伴随，当人们面临压力时往往同时体验着紧张或兴奋、焦虑或激动等情绪；反过来，当人们长时间体验着以上情绪时也可能会知觉到压力。

（3）意志。意志指人们在自觉确立目标后，有计划地调节自身行为，克服困难，实现既定目标的过程。人的意志主要通过行为进行体现，而体现意志的行为被称为"意志行为"。意志具有能动性，可以将人的内在意识转化为外部动作。意志的主要作用不只是让人们认识到行动的目的，还包括主动调节行动以实现目的。可见，具有不同意志品质的人面对压力时会有不同的行为反应。

2. 个性

虽然人与人之间在性格、气质、理想、才能等方面存在共性，但表现模式却并不相同，这就形成了每个人独一无二的个性。在心理学领域中，"个性"一词尚未形成明确的定义，人们普遍认为：个性指个体身上所表现出来的具有稳定性、持久性的倾向、特质模式。通俗地讲，是个人所具有的不同于其他人的特点。人的个性主要由三部分构成：

（1）个性倾向性。作为个性中最活跃的因素，个性倾向性影响着个体对客观事物的态度与行为。它主要包括兴趣、动机、需要、信念、世界观、价值观等。

（2）个性心理特征。即个体在心理活动过程中所表现的本质的、稳定的、具有个人色彩的部分。人的个性心理特征主要体现在能力、气质、性格三个方面。

（3）自我意识。即个体对自己作为客体存在的各个方面的意识。自我意识可以让每个人在与客观世界交往的过程中，实现自我认知、自我体验以及自我控制。其中，自我认知包括自我认定、自我概念、自我评价；自我体验包括自尊、自爱、自信、责任感与义务感等；自我控制包括自主、自立、自强、自卫、自律等。

不同个性的人以不同的方式体验和应对压力，因此探讨工作压力需要考虑个性因素。

第二节　教师工作压力的含义与群体差异

一、教师工作压力的含义

教师工作压力的含义源于一般工作压力的研究。一般工作压力的研究主要从人与环境的交互作用出发，教师的工作压力研究也是如此。李玉峰认为，教师的工作压力指由教师职业中的威胁到教师自尊或健康生活和工作的各种因素所引起的教师生理、心理上的反应对教师个体产生的不良影响。[①]彭小虎认为，教师工作压力是教师与教学诸要素互动过程中产生的一种不适应状态，并导致教师在一定时间内心理、情感和教学行为等方面的失调。[②]综合以上观点，本书将教师工作压力的含义概括为：教师在面对那些较难应对的教育教学活动以及生活状态相关的情况时，所产生的身体与心理上的紧张状态。这种状态具有持续性和潜在性，且对教师的身心健康和工作表现产生影响，具体表现和影响可能因人而异。

二、教师工作压力的群体差异

教师工作压力存在着不同维度上的群体差异，具体如表5-2所示。本书仅从总体角度对教师工作压力的群体差异进行分析，若要展开更加深入的研究还需要结合具体情况。

表5-2　教师工作压力的群体差异

维度	工作压力差异
性别	男性青年教师 > 女性青年教师
年龄	30~40 岁的教师 >20~30 岁的教师
学位	博士 > 硕士 > 学士
婚姻状况	已婚教师 > 未婚教师

---

① 李玉峰.中小学教师的职业压力与应对策略 [J].中小学心理健康教育，2004（11）：38-40.
② 彭小虎.社会变迁中的小学教师生涯发展 [D].上海：华东师范大学硕士学位论文，2005.

续表

维度	工作压力差异
教龄	5~10 年（不含 10 年）教龄的教师 >10 年以上教龄的教师 >5 年以内（不含 5 年）教龄的教师
职称	副教授 > 讲师 > 教授
专业	工科青年教师 > 理科青年教师 > 文科青年教师

（一）性别

通常情况下，不同性别的教师面临的工作压力存在一定的差异。与女性青年教师相比，男性青年教师往往承受着较多的工作压力。这主要源自社会对男性青年教师的期待，特别是在教学研究、学术发展等方面，男性青年教师通常被期待扮演相对积极的角色。在职业生涯的初期阶段，男性青年教师面临着成家立业的双重压力，需要平衡好工作与家庭之间的责任，这使得他们在时间管理和精力分配方面面临着一定的挑战。除此之外，在教学过程中，部分男性青年教师更加关注课堂管理和学生纪律，这需要男性青年教师付出更多的精力。

（二）年龄

对于教师这一群体而言，年龄是影响其工作压力的重要因素。相比于20~30 岁的教师，30~40 岁的教师往往承受较多的工作压力。一般情况下，30~40 岁教师正值职业发展的关键时期，不仅需要在教学工作上保持优秀的表现，还可能肩负着行政管理、学术研究等重要任务。在职业生涯中，30~40 岁教师正处于上升阶段，大多数都已经成家立业，需要平衡好家庭与工作之间的关系，还要追求更高的职业成就，可能会面临晋升的挑战。另外，很多30~40 岁教师注重建立自己的专业声誉，所以在学术和教学成果上需要投入更多时间精力，需要更好地进行时间管理。

（三）学位

不同学位的教师所承受的工作压力也有所不同，通常来说，相比于硕士和学士学位，博士学位的教师承受着更多的工作压力。博士学位的教师在工作中往往被赋予更高的期望，不仅承担着教学任务，还需要在科学研究、论文发表以及项目申请等方面达到较高标准。相较之下，硕士学位的教师虽然其主要任务也包括教学和科研，但所承担的任务相对较少，且职业期望相对适中，所以承受的压力相对较小。而学士学位教师的重点主要是教学任务，所承担的科研、行政负担较轻，所以工作压力相对较小。

（四）婚姻状况

婚姻状况是影响个体工作压力的重要因素，教师群体也不例外。通常来说，已婚教师所承受的压力要高于未婚教师。在日常教育工作中，已婚教师不仅要处理好教学任务，还要处理好家庭琐事，需要照顾好配偶和孩子，这需要合理分配时间和精力。已婚教师所承担的家庭责任使其在处理工作任务时面临着诸多挑战，需要平衡好工作与家庭之间关系。此外，从经济方面看，部分已婚教师承受着较多压力，不仅需要保证家庭正常开支，还需要支付孩子教育费用等。相比之下，未婚教师更多的关注点放在了个人发展上，虽然也承受着工作压力，但在家庭经济方面承担着较轻的压力。因此，已婚教师需要兼顾好家庭需求和职业要求，承受着较多的工作压力，这也可以转化为他们追求更高教育成果的动力。

（五）教龄

通常来说，不同教龄的教师所面临的工作压力有所不同，相比于 5 年以内教龄、10 年以上教龄的教师，5~10 年教龄的教师往往面临着较大的工作压力。5~10 年教龄的教师经过多年的教学逐渐积累了一定的教学经验，但依旧处于职业发展的关键时期，不仅需要保证高质量的教学，还需要在教学和学术研究方面保持优秀表现。与此同时，这类教师还肩负着课程开发、学生指导以及组织学校活动等责任，这需要教师进行有效的时间管理，不断提升自身的专业能力，追求更高的教学水平，有效应对工作负荷。因此，5~10 年教龄的教师往往承受着相对较大的工作压力，需要兼顾好专业发展和职业成就，从而灵活应对多重挑战。

（六）职称

职称是影响教师工作压力的重要因素，通常来说，相比于讲师和教授，副教授承受着较大的工作压力。对于副教授而言，其正值职称晋升的重要阶段，既要完成日常教学任务，还要投入一定的时间进行教学改革、科研等，从而获得晋升机会。当教师获得副教授这一职称后，通常意味着其在职业生涯过程中处于过渡期，继续努力以获得教授等更高的职称。为此，需要致力于提升自己的学术地位，积极发表高水平的科研成果，主动参加学术项目等。相比之下，讲师所承受的工作压力较小，他们的工作重心在于提升教学质量、积累学术经验上，在职称晋升方面承受着较轻的压力。他们虽然也承受着学术发展的压力，但在教学和科研投入上较为集中，不必承担更多的行政职务。教授是教师系列的最高职称，虽然承担着指导和领导作用，但所承担的工作压力往往较小，主要原因就在于他们已经顺利通过副教授阶段的考核，无论是在教学领域还是在学术界都树立了良好的声望。教授承担着高水平的教学和研究任务，被赋予了一定的自主权，拥有丰富的资源，所以所承担的工作压力较小。他们的职责集中于学术研究和团队管理方面，相比之下，职称竞争压力较小。

（七）专业

专业是造成教师工作压力差异化的重要因素，这主要体现在工科教师、理科教师和文科教师之间，相比之下，文科青年教师所承担的工作压力要低于理科青年教师，理科青年教师所承担的工作压力要低于工科青年教师。工科教师之所以承担着更多的工作压力，主要是因为工科专业课程的开展会涉及各种各样的实验、工程设计以及实践操作，这不仅需要教师具有良好的专业知识基础，还需要教师留出充足的时间和精力来进行教学和科研。除此之外，工科领域有着丰富的科研活动，且竞争十分激烈，涉及的项目往往需要技术和资源的支持，这需要教师具备良好的工作能力和协调能力。相比之下，理科青年教师虽然也承担着科研和教学任务，但所涉及的实验复杂性相对较低，实践操作性相对较弱。理科的教学和研究活动主要是理论分析，虽然实验也占有一定比例，但对复杂的工程实践所依赖程度较低。理科教师在教学和科研工作中所承担的压力相对比较分散，虽然也具备良好的学术能力，但与工科教师相比，对于日常管理和资源需求较低，所以压力相对较小。文科教师所承担的工作压力通常相对较低，这主要取决于文科的教学和研究特点。文科专业的教学和研究主要是理论探讨、人文分析，在实验和实践操作方面的需求相对较少，对设备和技术的依赖程度较低，所以，从以上角度看，文科教师面临的工作压力相对较小。

第三节　教师压力的相关理论

一、压力认知交互作用理论

压力认知交互作用理论，又称为"认知—现象学—相互作用"（Cogni-tive-phenomenological-transactional）理论，是由理查德·拉扎勒斯（Richard S.Lazarus）和苏珊·福尔克曼（Susan Folkman）于 1984 年提出并逐渐完善的，强调了个体对压力情境的认知评估和应对策略对压力反应的影响。该理论将认知评价在压力过程中的作用置于重要地位，认为压力并非外部刺激的一种特定类型，也非生理反应、行为反应或主观反应的一种具体形式，而是个体与其所在环境间的一种交互作用关系。这种交互作用关系包含具体的时间、地点、人物等现象学特征，个体对压力源的认知评价和应对在这一过程中发挥着重要作用，决定了个体产生何种压力反应。

该理论认为压力作用包含四个基本环节：第一，潜在的压力源，即个体所处环境中可能对其产生压力刺激的任何因素，如工作压力、人际关系冲突等；第二，个体对潜在压力源的认知与评价，这是心理压力产生过程中的关键环节，个体对压力源进行初级评价和次级评价，初级评价侧重于判断情境对自身的威胁程度，次级评价则关注自身如何应对以及应对方法是否可行和有效；第三，应对，基于认知评价，个体选择并采取适当的应对策略来减轻或消除压力；第四，压力反应，个体在应对压力过程中产生的生理、心理和行为反应。

压力认知交互作用理论的主要观点有三个：其一，个体的内部特征与所处的外部环境之间存在着一定的联系，且两者在特定情境下会相互作用、相互影响；其二，人与环境之间始终保持着双向、动态、相互交互的关系，这一过程会随着时间与面临任务的变化而变化；其三，个体在受到其所处环境的刺激的基础上，做出相应的应对措施，由此便产生了压力。该理论强调，压力不是单一因素的结果，而是个体与环境之间复杂交互作用的结果。当个体感知到环境中的刺激可能对其构成威胁或挑战时，压力就会产生。在压力过程中，个体对压力源的认知和评价（分为初级评价和次级评价两个阶段）

起着至关重要的作用。这些评价不仅影响个体对压力源的感知，还决定了个体将采取何种应对策略。该理论强调，压力过程具有具体的时间、地点和人物等现象学特征。这些特征会影响个体对压力源的感知和评价，从而影响压力反应的产生。

压力认知交互作用理论详细阐述了压力产生和应对的机理，强调个体对压力源的认知和评价在压力过程中的核心作用，以及个体与环境之间的交互作用关系。研究者们将该理论应用于心理咨询与治疗、职业压力管理、教育领域以及健康管理与疾病预防等多个领域。通过实证研究，他们验证了该理论的有效性，并提出了一系列有效的干预措施。例如，在心理咨询与治疗中，认知行为疗法（CBT）是基于该理论发展而来的有效方法；在职业压力管理中，通过提高个体对压力源的认知和评价能力，以及教授有效的应对策略，可以降低工作压力对个体身心健康的影响。这一理论为教师压力研究提供了重要依据，它揭示了教师与学校环境之间的密切关系。教师与学校环境之间保持着一种双向、交互的动态关系，两者并不是固定不变的。教师的压力会随着教育体制、教育政策、工作时间、工作任务的变化而变化。尽管压力认知交互作用理论已经取得了丰硕的研究成果，但仍存在一些有待进一步探索的问题。例如，如何更准确地测量和评估个体的认知评价过程？如何更有效地将理论应用于实践干预中？如何深入探讨跨文化与跨领域中的压力认知交互作用机制？这些问题将成为未来研究的重要方向。

二、压力与适应理论

压力与适应理论最初由加拿大著名内分泌生理学家汉斯·塞利（Hans Se-lye）提出。塞利将压力的概念引入生物医学领域，并提出了著名的"压力与适应学说"。塞利的压力理论主要阐述了群体或情境对个体产生的某种影响力，以及个体如何适应这些压力源的过程。

该理论强调个体在面对压力源时，会经历一系列生理和心理的反应，这些反应旨在帮助个体适应并应对压力。塞利认为，压力是个体对来自环境的各种不同刺激所做出的非特异性反应，这些刺激可以是生理的、心理的或社会的。适应则是个体为维持内环境稳定而进行反应的过程，包括生理、心理、社会文化以及知识技术等多个层次的适应。适应的目的是维持个体身心健康。个体对应激原（即压力源）可同时做出多个层次的适应，但这些适应是有一定限度的。生理适应范围较小，个体差异小；心理适应范围较广，个体差异明显。此外，适应与应激源的强弱、作用时间长短密切相关。强应激源来得越突然，适应越困难；相反，弱应激源来得缓慢，则适应相对良好。

在该理论中，压力适应过程主要包含三个阶段。其一，警觉阶段。在此阶段中，个体在受到刺激后会出现心跳加速、血压升高等一系列生理反应。其二，抵抗阶段。在此阶段，个体会消耗大量的生理、心理资源来应对刺激，因此会处于较为敏感、脆弱的状态。其三，衰竭阶段。个体长期处于抵抗阶段就会导致能量耗尽，无力抵抗压力，可能会出现两种情况：一是个体已经具备了适应压力的能力，只需一段时间的调整便能恢复；二是个体能量已经耗尽，但压力仍然存在，这样一来会对个体造成较大的损伤。在压力与适应理论中，个体能否适应压力主要取决于其自身的心理状况与生活状况。

压力源和应对方式是压力适应的关键，而压力源包括工作要求、考试压力、家庭问题、内心冲突、焦虑、自我期待等方面，并且不同个体在面对相同压力源时可能会有不同的反应和适应策略。学校管理者可以利用该理论来识别教师的压力源和应对方式，提供及时有效的支持，从而提高教师的工作满意度和教学效果。

三、压力刺激理论

压力刺激理论是托马斯·霍尔姆斯（Thomas Homles）与理查德·拉赫（Richard Rahe）等于1967年提出的。他们通过研究生活事件与疾病之间的关系发现了压力的产生过程——人们在生理、心理两个方面对生活变化的适应过程。

在压力刺激理论中，压力是外部环境对个体进行刺激，使个体出现的紧张反应，强调生理的紧张与恐惧等。压力刺激理论强调压力主要来源于外部环境中的各种不良刺激，如天灾、失业、贫困、离婚、亲人死亡等。这些刺激具有潜在的威胁性，需要个体动员应激资源去适应。应激资源包括内部的生理资源、心理资源、认知资源以及外部的社会支持、物质资源、信息资源；应激资源在个体应对压力的过程中发挥着缓冲、恢复和增强的重要作用。个体在面对外部环境刺激时，会产生紧张反应。这种反应可能是生理上的，如心跳加速、呼吸急促；也可能是心理上的，如焦虑、抑郁；还可能是行为上的，如逃避、攻击。个体体验到的环境刺激越多，其压力水平通常越高。这意味着，不同个体在面对相同的环境刺激时，由于其经历、性格、社会支持等因素的差异，可能会产生不同程度的压力反应。

霍尔姆斯与拉赫还在此基础上提出了生活变化适应模式，总结了个体在受到压力后产生的三种状态：压力反应、压力适应以及压力应对。压力反应指身心反应；压力适应指调整自己应对环境的能力与方式；压力应对指采用一系列方法缓解压力。在压力适应的过程中，个体可能出现自我否定、内耗等消极的态度，这种态度不仅无法克服压力，还会对个体的身心发展产生不良影响，只有积极适应，多与外部环境进行沟通，才能真正缓解压力。

对教师而言，职业环境是其产生压力的主要来源。随着教育改革的不断深入，学校之间的竞争日趋激烈，学校在教学、教研等方面向教师提出了更高的要求，而这给教师带来了一定的压力。虽然这些压力为教师提升发展提供了契机，但若长期处在这种高压、高刺激的环境中，会对其生理、心理都产生较大的影响。由于压力的存在无法避免，因此教师需要采取合理的方式应对。

四、需求层次理论

需求层次理论是亚伯拉罕·马斯洛（Abraham H.Maslow）于 1943 年提出的。该理论将人的基本需求分成五个层次，从低到高依次是生理需求、安全需求、社交需求、尊重需求以及自我实现需求。该理论的核心观点在于，人的需求是不断变化、动态发展的；只有当基本需求得到满足后，人们才具有更稳定且持久的力量去追求更高水平的需求。之后，马斯洛又对五个层次进行了细分，分为七个层次，在自我实现需求之前增加了认知需求和审美需求，但其核心观点是不变的。

需求层次理论划分的几种需求都是人的基本需求，它们控制、引导着人们的反应与行为；层级低的需求是人最基本的生理需求，比层级高的需求简单；层级低的需求比层级高的需求潜力大。同时，这些需求是不断演变的，不同层次需要的发展进程一般与人的年龄增长相适应，也与社会的经济背景、受教育的程度有关。

需求层次理论虽然不尽完善，却对教师压力来源与应对的研究具有重要的启发意义。教师的需求可大致划分成不同的层级，如工资是生理需求，学校环境是安全需求等。当教师的低层级需求得到满足后，他们便开始追求高层级的需求。他们渴望得到尊重与认可，渴望实现自己的人生价值，当实际情况与自己的期望出现偏差时，便会产生压力。

第四节　教师压力管理相关理论

一、压力管理的概述

压力管理也称为压力应对，指一个人有意识或无意识地在压力形成过程中、压力形成之后与压力进行对抗。应对的原意指个体具备有效对付环境中的挑战或处理问题的能力。压力管理是心理学领域的词语，且在心理学研究领域所占比重持续提升。清楚压力管理的原理，是有效控制工作压力的重要基础与前提。

（一）管理资源作用的切入点

1. 改变问题本身

改变问题本身是以问题为中心对压力进行管理。这种压力管理强调直接采取行动，从根源上消除或减轻压力，增加处理压力的资源。这一切入点主要包括两种管理方式：一是指向环境的管理，主要包括优化工作环境、完善工作流程以及改善人际关系；二是指向个体自身的管理，主要指增强个人的能力与资源，包括学习新技能、增强自我效能感等。

2. 改变个体对问题的认知方式

这一切入点强调以认知调节为中心来应对与管理压力。认知调节主要包括三级评价过程，分别为初级评价、二级评价以及三级评价。初级评价聚焦于个体通过刺激的结果所获得的利益，需要反思"我是不是遇到了麻烦"此类问题。二级评价聚焦于对情境要求与管理技巧之间匹配程度的判断，需要反思"面对这种情况我应该怎么做"此类问题。根据前两级评价的反馈结果，三级评价聚焦于多角度认识问题，从而改变初级评价，对可用于处理特定情境的应对技巧的知觉产生影响。

改变个体对问题的认知方式，基本策略实际上是转移注意的焦点，这主要可从两个方面入手：其一，认知再评价，即改变情境对个体的意义；其二，对个体注意力进行分配，如选择注意回避，实际上这并未改变事件的意义，个体需要先从实际出发评估情境，然后结合自身的资源选用有效的应对策略，即具体的应对行为。

3. 改变问题引起的情绪危机

改变问题引起的情绪危机是一种以情绪为中心的压力管理方式。这种方式没有对人与环境的客观关系进行改变，而是对压力带来的情绪不适进行改变，主要有情绪释放、情绪调节等表现形式，包括体育锻炼、药物使用等压力管理行为。

这三个切入点并非相互独立的，通常是相互依存、相互促进的，但有主次之分。如果一个人在评价某压力情境时，评价结果是"可受个体控制"，那么以问题为中心应该占据主导位置。如果一个人认为自己对所处情境不能做任何事情时，那么以情绪、认知为中心的应占据主导地位。

（二）压力管理的三种策略

总的来看，压力管理的策略主要包括三种（见图5-3）。一是规划策略，即通过规划、构建一种不存在压力源的新环境，以消除压力源，进行压力管理；二是前摄策略，即个体掌握更多有效应对压力的技能，从而有效应对压力带来的消极影响；三是反应性策略，即增强短期效果的技能，从而有效应对各种突发事件。

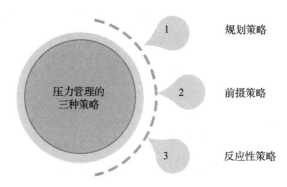

图5-3 压力管理的三种策略

在应用规划策略时，个体需要通过消除压力源的方式消除压力，但对于大部分教师而言，他们无法完全控制自己所处的环境，所以要想消除压力源具有相当大的难度。因此，前摄策略是一种很好的选择，通过发展出一套有效应对压力消极影响的方法，可以确保个体的身心迅速恢复至正常水平。虽然前摄策略具有一定的优越性，但为了更好地应对一些突发事件，需要采取有效的反应性策略。例如，在暂时的状态下，个体可以采用暂时的放松技术来有效应对紧急情况引发的压力，这种方法在短期内具有良好的效果。

需要注意的是，切不可按照以上顺序进行反方向的操作。如果个体在应对压力时先选用反应性策略，虽然这种方法可以获得立竿见影的效果，但个体需要反复采用反应性策略，因为这种策略无法带来长久、持续性的效果。而且，部分反应性策略有养成习惯的可能性，如饮酒、发泄、服用安眠药，这些属于不良习惯，会对人的身体健康带来负面影响。如果只是依靠短期策略而缺乏长期策略，可能会使人陷入恶性循环。因此，从长远、持久的角度来看，压力管理的关键在于前摄策略，即改变个体对问题的认知方式。

二、压力管理的风格

压力管理主要包括两种不同的风格，即缓和性应对、工具性应对。

（一）缓和性应对

缓和性应对也称为预防性应对，指通过对压力情绪的调节，从而达到缓解情感上的紧张与痛苦。

消极情绪容易引发一系列生理功能的改变，主要包括反应迟钝、灵活性下降、始动性差、注意涣散以及精力难集中等。基于此，可能会带来工作效率下降、易出差错等行为结果，这些结果又会反作用于人的情绪，削弱自信，加重消极情绪体验。而保持积极应对压力的心态就不会出现以上问题。缓和性管理主要包括四种方式：

1. 通过调整生活躲避压力源

这种方式指个体通过改变生活环境或生活方式，从而避免或减少接触可能引发压力的情境。这种方法可以通过直接减少接触压力源的方式，从根本上降低压力发生的可能性，尤其适用于那些可以自主选择生活环境和灵活调整时间安排的人。

2. 调整要求水平

调整要求水平指个体从自身实际情况出发，适当降低对自我或他人的期望标准，避免因过高的要求引发不必要的压力。该方式的优点在于可以让个体的目标与能力之间的匹配程度更高，从而避免因过高的要求引发挫败感和压力，尤其适用于喜欢给自己施加过多压力或者过分追求完美的人。

3. 改变引起压力的行为方式

该方式指通过调整个体的生活习惯或行为方式，从而达到减少压力产生的目的。个体通过积极主动地改变自我，如规律作息、科学锻炼等，可以具有更强的自信心，从长远角度上看可以减少压力的累积。

4. 扩展应对资源

扩展应对资源指通过增加支持系统、提升个人能力等方式，提升个体应对压力的能力。该方式不仅可以缓解当下个体所面临的压力，还可以为个体未来应对压力做好充分准备，从长远看具有积极的效果，尤其适用于面对持续压力情境的人。

（二）工具性应对

工具性应对也称为斗争性应对，指通过对存在问题的个人与环境之间关系的改变来应对压力，如直接指向威胁来源的问题解决方式。具体来说，工具性应对主要包括五种方式。

1. 监视压力源的症状

监视压力源的症状指个体时刻警觉自身或环境中的压力信号，争取第一时间辨别出压力的征兆，主要包括身体不适、情绪波动以及行为异常等。这一方式可以在压力形成初期且尚未加剧之前采取应对措施，可有效缓解压力对身心造成的负面影响。

2. 集中资源

集中资源这一方式强调在个体面对压力的过程中，将更多的注意力和精力放在重要的任务上，从而大大地提升个体应对压力的效率。

3. 对压力源采取攻击性行动

这是一种较为主动地应对压力的方式，强调个体采用直接解决问题或改变环境的方式，从而消除或减少压力源。通常来说，这种方式适用于压力源较为明确且具有可控性的情境，可以迅速缓解压力。

4. 容忍压力源

容忍压力源指个体通过认知重组或者否认的方式，对压力源的影响进行接受或淡化。其中，认知重组强调个体改变对压力事件的看法，从而缓解压力对自身所带来的负面影响。否认指暂时性地忽略压力源，从而避免个体被压力所击垮。容忍压力源适用于短时间内不能改变的压力情境，可在一定程度上改善压力对个体造成的紧张感。

5. 降低唤起状态

降低唤起状态指通过放松、倾诉以及宣泄等多种方式降低压力带来的可能导致负面后果的强烈情绪体验，从而缓解压力对个体身心所带来的消极影响。这种方式具有较强的适用性，适合各种人群。

三、教师压力管理的相关理论

（一）系统论

在系统论中，所有系统都具备整体性、时序性、动态平衡性、等级结构性、关联性等特征。该理论的核心思想在于系统的整体观念。任何一个系统都是各种构成要素的有机结合，每个构成要素都在系统中发挥着特定的作用。某个构成要素一旦从整体系统中脱离出来，它便会失去其作为构成要素的原本的作用。

系统论的基本思考方法是将需要研究的问题看作一个系统，分析其内部结构、功能，然后围绕系统、环境与要素之间的相互关系与变化规律展开深入研究，不断优化系统观点，用系统化的观点看待问题。系统是普遍存在的，大到浩瀚的宇宙，小到微观的原子，世界上的任何事物都可以被看作一个系统。系统论不仅能够让人们清晰地认知系统的规律与特点，还能帮助人们利用这些规律与特点去管理、控制、改造系统。因此，从某种意义上说，人们研究系统的主要目的在于调整各要素之间的关系与系统的整体结构，以实现优化系统的目标。

系统论为教师压力管理提供了重要支持。教师压力源有很多，包括学生因素、工作负荷、家庭因素、教学条件等，影响教师压力产生与应对机制的主客观因素也很多，这要求将教师压力管理视为一个系统，在管理过程中，既要重视每个构成要素的作用，又要以整体效应为重点。

（二）权变理论

权变理论认为，每个组织的内在要素和外在环境条件各不相同，因此在管理活动中不存在适用于任何情景的原则和方法。在管理实践中，应根据组织所处的环境和内部条件的发展变化随机应变，没有什么一成不变的、普遍适用的管理方法。该理论强调，应根据具体情况进行管理，组织应根据其所处的环境和内部条件的变化而随机应变，不存在一种普遍适用的、最好的管理方法。

权变理论强调环境的多变性对组织管理的影响。在教育环境中，教师的压力可能来源于多个方面，如学生行为、教学要求、学校政策、家长期望等；这些因素都可能随着时间和情境的变化而变化。根据权变理论，没有一种普遍适用的管理方法。因此，学校管理层应针对教师的不同压力源，灵活调整管理策略。例如，针对教学要求过高导致的压力，可以适当调整教学目标和评价方式；针对家长期望过高导致的压力，可以加强与家长的沟通，引导家长形成合理的期望。

权变理论追求的是组织与环境的"和谐"共存。在学校管理中，应努力构建和谐、包容的学校文化，让教师感受到学校的支持和关怀。这有助于减轻教师的心理压力，提高其工作满意度和幸福感。权变理论还强调个体和情境的差异性。根据权变理论，参加组织的人都是不同的，每个人都有着不同的需要，不同的胜任感。在管理教师压力时，应关注教师的个体差异，如性格、经验、价值观等，这些因素都可能影响教师对压力的感受和应对方式。因此，学校应提供个性化的支持和帮助，以满足教师的不同需求。作为管理者，应该充分考虑管理对象的需要，选用恰当的组织形式与领导方式，对问题进行多变量的分析，如从工作目标、工作性质等方面去考虑问题，创造性地开展工作，只有这样才能有效提高工作效率。

权变理论要求管理者和组织成员都具备较高的应变能力。对于教师而言，应培养自己面对不同情境时的灵活性和适应性。学校可以通过提供培训、心理辅导等方式，帮助教师提升应对压力的能力。作为人的一种主观感受，压力会受到人的认知方式、能力素质、需要动机、自我期望等多方面的影响，教师压力也是如此。所以，教师压力管理应该以权变理论为指导，进行多变量分析，因人而异，实施权变管理。

（三）双因素理论

在双因素理论中，对个体工作态度产生影响的因素主要有两种：一种是保健因素；另一种是激励因素。保健因素的内容包括组织的政策与管理、监督、工资、同事关系和工作条件等。这些因素如果得到满足，可以消除员工的不满情绪，维持原有的工作效率，但不能激励人们更积极的行为。换句话说，保健因素的作用主要是预防性的，能够防止员工对工作产生厌恶感，但无法带来满意感。激励因素则与工作本身或工作内容有关，包括成就、赞赏、工作本身的意义及挑战性、责任感、晋升、发展等。这些因素如果得到满足，可以使人获得很大的激励，若得不到满足，也不会像保健因素那样产生不满情绪。激励因素能够激发员工的工作热情，提高生产效率。

双因素理论对教师压力管理的启示在于：教师压力管理应首先确保教师的保健因素得到满足，同时注重发挥激励因素的作用。保健因素包含经济性的和非经济性的。应科学合理把握工资、奖金、福利等经济性因素，让教师感受公平感，也是对教师的一种认可。例如，实施绩效工资制度，使教师的工资收入与其教育教学业绩挂钩。学校应创造条件，尽量满足教师对于教学环境、工作安全、评价规则、奖励制度、人际关系等方面的需求，以减少其不满情绪。例如，避免过多的教学检查，以免教师因应对检查而感到疲劳和不满；在评价、奖励制度上，要建立以人为本的、发展的、多维的教师考评观，使考评尽可能公开、公平、公正。激励因素包含内外两个方面。学校应给予教师充分的信任和支持，让他们在工作中感受到自己的价值和重要性。学校应通过表彰优秀教师、提供晋升机会等方式，激发教师的工作热情和积极性。学校应鼓励教师参与挑战性的工作，如组织教学竞赛、科研活动等，让教师有更多的机会展示自己的才能和创造力；通过"工作丰富化"，让教师对自己的工作更有兴趣，从而获得更多的奖赏和满足感。

（四）公平理论

公平理论认为，人的工作积极性不仅受其所得的绝对报酬的影响，更重要的是受其相对报酬的影响。这种相对报酬指个人付出劳动与所得到的报酬的比较值。人们会将自己付出的劳动代价（包括时间、精力、努力等）与所得到的报酬（包括金钱、荣誉、地位等）与他人进行比较，也会将自己现在的付出与报酬同自己过去的付出与报酬进行比较。如果比较的结果是相等的，人们就会感到公平和满意，从而心情舒畅，努力工作；如果比较的结果是不等的，人们就会感到不公平，从而产生紧张、不安等负面情绪，这种情绪会促使人们采取行动以消除或减轻不公平感。

公平理论对教师压力管理的启示在于：学校应确保教师的报酬与其付出的劳动代价相匹配，避免教师感到不公平，包括确保教师的工资、奖金、福利等与其教学业绩、工作量等相匹配；学校应关注教师之间的报酬差异，避免过大的差异导致教师之间的不公平感。学校应建立公平、公正、公开的竞争机制，让教师在竞争中获得公平的机会和待遇。例如，通过组织教学竞赛、科研成果评选等方式，让教师在公平的环境中展示自己的才能和创造力。学校应建立科学的评价体系，确保评价结果的公正性和准确性，避免评价过程中的主观性和偏见。学校应加强与教师的沟通与反馈，了解教师的需求和期望，及时解决教师的问题和困惑。通过定期的座谈会、问卷调查等方式，收集教师的意见和建议，为制定更加公平合理的政策和制度提供依据。学校应建立有效的反馈机制，让教师及时了解自己的工作表现和报酬情况，从而增强教师的公平感和满意度。学校应根据教师的不同需求和特点，实施个性化的激励措施。例如，对于年轻教师，可以提供更多的培训和发展机会；对于资深教师，可以提供更高的薪酬和福利待遇。

（五）强化理论

强化理论是心理学中最古老、最基础的理论之一，主要研究动物和人类的学习行为、动机和认知决策。它指出，个体通过处理环境反馈信息，表现出学习和行为变化的过程。强化理论的主要环节包括强化、改造、学习、操作。强化指利用刺激来加强某种行为；改造指通过加强或削弱某些因素，可以改造人的行为；学习指对可控行为的改造，即通过强化实践永久性地改变人的行为；操作指对正、负强化都不起作用的一类行为的控制引导。

强化理论对教师压力管理的启示在于：每位教师对压力的感受和应对方式都不同。管理者应了解每位教师的需求，提供个性化的支持和帮助，如提供心理咨询、培训、放松活动等，帮助他们处理负面情绪和压力，增强他们的心理韧性。设立明确的奖励机制，对表现优秀的教师进行奖励，如奖金、荣誉、晋升机会等。及时给予教师正面反馈，肯定他们的努力和成就，增强他们的自信心和满足感。帮助教师设定明确、可实现的教学和职业发展目标，使他们有方向感和动力；定期对教师的工作进行评估和反馈，让他们了解自己的进步和不足，及时调整策略。鼓励教师参与学校决策过程，让他们对学校的发展和改革有更多的发言权和参与感；通过与教师建立信任关系，增强他们的归属感和忠诚度，从而降低压力感。

（六）人本理论

人本理论，又称为人本主义理论，是一种强调人的价值、尊严和自由的理论体系。人本理论主张心理学应着重研究人的本性、潜能、经验、价值、意志、情感和需要等，认为人的成长和发展依赖于自我实现。它强调人的主观性和内在价值，认为每个人都有自己独特的潜能和天赋，应该被尊重和发掘。它还强调人际关系的重要性，认为与他人建立真诚、有意义的联系是实现个人成长和幸福的关键。

人本管理是人本主义心理学在管理领域的具体应用。人本管理是一种以人为中心的管理思想。人本管理核心在于充分发挥人的能动性，揭示了管理活动中人与其他因素之间的本质关系，因此它也被称为"管理能动性原理"。人本管理与传统管理的不同之处如图5-4所示。

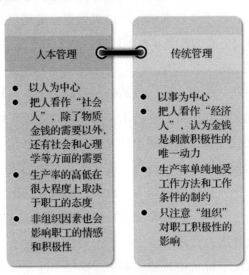

图5-4　人本管理与传统管理的不同之处

人本原理强调以人为中心，这一点与教师的人格特点相契合，因此，人本原理可以为教师压力管理提供重要的理论指导。人本理论强调关注个体的内在需求和情感体验。在教师压力管理中，应关注教师的情感、意志和需要，尊重他们的个性和差异，提供个性化的支持和帮助。例如，了解教师的职业发展需求，提供针对性的培训和发展机会，帮助他们实现自我价值。人本理论认为，人的成长和发展是一个自我实现的过程。在教师压力管理中，应鼓励教师积极参与教学研究和改革，发挥他们的创造力和创新精神，实现自我价值。同时，学校应提供宽松、自由的工作环境，为教师提供展示才华和实现潜能的舞台。人本理论强调人际关系的重要性。在教师压力管理中，应促进教师之间的交流和合作，建立真诚、有意义的人际关系。例如，组织教师团队活动、教学研讨会等，增进教师之间的了解和信任，共同应对工作中的压力和挑战。

第六章　压力对教师发展的影响

压力对个体发展的影响是多方面的，主要表现在认知、能力以及与他人关系方面。对于教师发展而言，压力的影响主要体现在教师专业发展、身心健康、和谐生活三个方面。从专业发展的角度看，适度的压力能够激发教师的职业动力，促使其不断追求专业成长。面对教学、科研及学校管理等多方面的挑战，教师需要在知识更新、教学方法创新等方面不断提升自我，以适应教育改革的需求。然而，过度的压力却可能抑制教师的创新能力和学习积极性，导致其在专业发展上停滞不前，甚至出现职业倦怠。从身心健康的角度看，长期的高强度工作压力容易引发教师的心理问题，如焦虑、抑郁等，进而影响其生理健康，如失眠、心血管疾病等。这些身心健康问题不仅会降低教师的教学效率和质量，还可能迫使其提前退出职业舞台，给教育事业造成损失。从和谐生活的角度看，压力往往导致教师难以平衡工作与家庭、休闲之间的关系，影响其与家人、朋友的交往质量，甚至损害其个人兴趣和爱好。这种生活失衡不仅会降低教师的幸福感，还可能进一步加剧其职业压力，形成恶性循环。

第一节　压力对教师专业发展的影响

一、压力对教师专业知识的影响

压力对教师专业知识结构的发展具有十分深远且多方面的影响。压力的存在不仅会影响教师对专业知识的掌握和更新情况，还会影响教师在教学实践中对专业知识的使用效果。

（一）压力对教师学科专业知识的影响

学科专业知识是教师专业知识的核心组成部分。第一，教师为了更好地应对来自教学的压力，如复杂性的教学任务、多样化的学生需求，需要更加注重对学科基本结构的深层次理解与掌握，更加细致地梳理学科内容，以便清晰地把握学科知识体系，深层次挖掘学科的内在逻辑，并通过不断的系统化学习与研究，对学科知识形成深层次的理解。第二，教师面对教学压力，为了更好地解答学生提出的各种各样的问题，教师需要对学科的历史脉络和里程碑事件进行认真梳理与牢固掌握，争取为学生提供更加全面的教学内容，为学生答疑解惑。同时，面对教学任务的压力，教师可以从课前准备环节入手，查阅大量资料，及时了解学科发展背景和前沿动态，为学生提供更加全面与更有深度的知识。第三，面对教学挑战和学生提问，教师需要不断提升自己的理论水平，不断夯实理论基础，在教学中向学生言简意赅地解释相关概念、规律与定理。在适当压力的激发下，教师会将更多时间和精力投入到学科理论的学习与研究上，积极参加各种读书会、学术研讨会等活动，加强与同行的交流，相互之间分享学习心得和教学经验，从而深化对学科知识的理解与掌握。

（二）压力对教师学科教学知识的影响

在压力的驱使下，教师在学科教学中会将更多关注力放在研究有效教学方法上。为了更好地应对增强教学改革的压力，教师需要全面且深入地研究那些已经被证明的有效的教学方法，寻找适用于自己和学生的教学方法，使每个教学环节都可以充分促进学生的学习，从而提升教学效果和课堂管理效率。面对教学压力，教师往往会积极主动地参加各种专业发展活动，如研讨会、培训课程和专业交流活动，学习最新的、效果显著的教学研究和教学方法，抓住一切机会提升自己的教学技能、完善自己的教学策略。

（三）压力对教师教育知识的影响

在过度压力的影响下，教师的教育知识可能会停滞不前；在适当压力的影响下，教师的教育知识可以得到进一步深化。一方面，面对适当的工作任务和教学压力，教师往往能够更高效地学习和应用教育学及心理学的知识。在日常课堂教学中，教师面临着各种各样的挑战，尤其是学生的心理辅导和教育管理问题，这需要教师利用有限的时间，系统地学习教育学和心理学知识，不断提升在教育学和心理学方面的专业水平，从而更加灵活自如地应对各种复杂的教育情境。另一方面，教育政策的每一次微调，学校管理的规范化发展，都对教师提出了相应的要求，教师需要不断了解和适应新的教育政策。针对此，教师需要自觉、主动地不断更新自身所掌握的教育知识，从而更精准地了解和落实新的教育要求。动态的政策环境，有助于培养教师对教育理论与教育政策的学习兴趣，为教师教育知识的积累与更新提供强大的动力。

（四）压力对教师课程知识的影响

适当的教学压力使教师的课程知识得到高效应用。

首先，在教学压力的驱使下，教师为了保证课程内容的系统性、科学性，需要严格按照现有的课程大纲和教学计划实施教学，进一步规范课程教学步骤，从而保证教学的一致性和高质量，同时确保学生在不同教学阶段所学的知识具有系统性和连贯性。在课程开发与实施过程中，面对教学压力，教师不仅要关注整体，也不能忽视细节，不断提升课程实施的严谨性和规范性，保证每个教学环节都可以按计划达到预期的教学目标。

其次，面对教学评估的压力，教师需要在课程教学实践中尝试和研究课程评价方法，探寻科学合理的课程评价方法，为课程评价的公平性和准确性提供保障。科学合理的课程评价既能帮助学生更全面地了解自己的学习状况，还能使教师第一时间发现教学中的不足并改正，从而持续地改善课程设计与教学方法。

最后，面对教学任务，教师需要在课程实施和管理中注重资源的利用，利用有限的时间尝试各种教学资源和工具，优化资源的利用效率，提高课程管理效果。

（五）压力对教师相关学科知识的影响

在教学压力的趋势下，教师需要加强对相关学科知识的学习与应用，并提高学习的针对性。不同学科之间相互独立又紧密相连，任何一门学科都不是独立存在的，为了更好地迎合时代发展，进一步拓展学生知识储备库，教师需要利用有限时间，留出部分精力对所教学科紧密相关的其他学科知识进行深入钻研，从而更好地践行跨学科教学理念，为学生提供高质量跨学科知识。面对教学任务带来的压力，教师需要掌握更多高效的学习方法，在短时间内掌握相关学科的关键知识点，快速提升自身的跨学科知识储备与应用能力，以便在跨学科教学中做到游刃有余。此外，适当的压力有助于激发教师对跨学科知识的创造性应用，因此，教师在压力的驱使下通常会更关注教学方法的改善与创新，找到不同学科之间知识的融合点以及跨学科教学的突破口。这种创新性思维有助于拓宽教师的学科视野，促使教师更加灵活地运用其他学科知识，在提升教学系统性、综合性的同时，使学生的学习效果得到改善。

（六）压力对教师的学生知识的影响

适当的教学压力，可以使教师更深入地了解与应用学生知识。

首先，面对来自教学的压力，为了理想地完成教学任务，教师需要密切关注学生的认知、情感与特征，认真观察学生的课堂表现与学习反应，准确、快速地定位学生的学习需求。在此基础上，教师可以有针对性地调整教学策略，确保充分地满足学生的学习需求，不断优化教学效果。

其次，面对学生之间存在的个体差异，教师在压力的驱使下会变得更加灵活。为了让不同学生的需求得到满足，教师需要积极探寻个性化的教学方法，例如，教师可以结合学生的兴趣和爱好，设置差异化的教学任务，组织多样化的教学活动，最大程度上调动学生的学习主观能动性。这样一来，不仅有助于增强教师对学生知识的掌握，还能促进学生的个性全面发展。

最后，在教学压力驱使下，教师为了在有限时间内建立和谐友好的师生关系，需要加强与学生的沟通，利用简明扼要的反馈，快速、准确地掌握学生的学习情况和心理需求。

（七）压力对教师自身知识的影响

过重的压力不利于教师自身知识的发展；适当的压力有助于教师自身知识的发展。面对来自教学和工作的压力，教师会将更多关注放到自我身心保健与调节知识的学习与应用上。掌握更多身心调节的方法，包括正念练习、瑜伽以及体育锻炼等，从而更好地维护自己的身心健康，保持良好的工作状态。这种主动的健康管理，对于教师身体素质的增强大有裨益，还有助于提升教师的工作效率和教学效果。另外，为了更好地应对工作中的压力和挑战，教师需要保证心理健康和情感的平衡，加强学习心理和审美方面的知识，掌握更多有效的心理调适方法，主要包括心理咨询、情绪管理等。

二、压力对教师专业能力的影响

（一）压力对教师教育能力的影响

1. 对了解与评价学生的能力的影响

适当的压力有助于提升教师了解与评价学生的能力。在教育高速发展的背景下，对教师提出了更高标准的教学要求，其中包括不断提升"了解与评价学生的能力"，由此才能更全面深入地了解学生，并采取行之有效的教学方法。为此，教师需要更加全面地观察每个学生的学习状况、兴趣爱好，留出部分时间和精力来学习和使用各种各样的评价工具及方法，主要有问卷调查、测验以及课堂观察等，以快速获取学生的详细信息。在细致入微观察的基础上，通过全方位的评价，可以使教师更全面了解学生的学习特点与需求，为学生"量体裁衣"，制订个性化的教学计划，充分调动学生学习的积极性。

2. 对指导学生合作与竞争的能力的影响

竞争与合作，不仅是促进个人进步和发展的手段，更是社会进步的动力。为了适应现代社会的发展，教师应该在教学中有意识提升学生合作与竞争的能力，可以设计一系列小组活动和竞赛，通过角色扮演、任务分配等方式，为学生提供更多与他人合作的机会，使学生在合作过程中体验团队精神，在竞争中实现自我的提升。面对这一压力，教师需要不断尝试各种合适的教学方法，主要有合作学习、模拟竞赛、项目教学等，以培养学生的兴趣和团队合作精神。由此一来，教师的指导学生合作与竞争的能力会得到不断的提升。

3. 对心理教育能力的影响

现代社会的高压力和快节奏生活，容易引发人们的焦虑、抑郁和情绪不稳定。这要求教师不断提高心理教育能力，以更好地应对学生有可能出现的各种各样的心理问题和情绪波动情况。在日常教学中，为了给学生提供有效的帮助，使之有效应对心理压力、解决情绪困扰，教师需要加强对心理学知识、心理咨询技巧的学习，掌握更多的心理辅导、压力调适、情绪管理等方面的技能，与学生进行互动与交流，及时发现并解决学生的心理问题，使学生保持健康、积极的心理状态。压力驱使下的心理教育实践，对于教师心理教育能力的提升十分有益。

4. 对组织管理能力的影响

在日常教学工作中，教师不仅面对着繁重的教学任务，还要处理各种各样的突发状况和管理事务，这需要教师具备良好的组织管理能力。在压力的驱使下，教师需要妥善安排每一项教学活动，科学地分配教学资源，为教学工作的有序推进提供保障。为此，教师往往会学习各种有效性的管理方法和策略，主要有资源优化、时间管理、任务分解等，并采取行之有效的管理手段，提升教学工作效率和质量。另外，面对班级管理的压力，教师需要制定细致化的管理制度和规范，组织多样化的班级活动，增强学生的纪律观念。而科学高效的组织管理，有助于提高教师的组织管理能力，同时为学生营造良好的学习氛围。

（二）压力对教师教学能力的影响

1. 对教学设计能力的影响

面对课程内容的复杂性，再加之学生兴趣和能力的差异化等多重压力，需要教师不断提升自身的教学设计能力。在有限的时间内，为了达成或超预期完成教学目标，教师需要确保教学目标的明确性、具体化，注重教学内容的连贯性，保证教学方法的有效性，精心安排每个教学环节，从而增强教学效果。面对多重教学压力，教师通过反复实践与优化，其自身的教学设计能力能够得到持续性提升，从而提高教学时间的利用效率。

2. 对课堂教学实施能力的影响

为了保持良好的课堂纪律，灵活应对课堂上的各种突发状况，并满足学生的多样化需求，要求教师在课堂教学中科学控制和管理教学过程，确保有条不紊地完成教学任务。在压力的驱使下，教师往往会将更多的关注放到课堂纪律的维护以及学生参与度的调动上，并采取多样化的教学手段，主要有案例分析、互动教学以及小组讨论等，以培养学生的学习兴趣。在各种压力驱动下，教师课堂教学实施能力可以得到显著提升，同时为学生学习创造有序的环境。

3. 对教学测评能力的影响

为了促进学生的全面发展，为学生提供个性化、建设性的反馈意见，教师需要及时、准确地评估学生的学习效果，不断提升自己的教学测评能力。

在教学测评中，面对多重压力，教师需要采用多样化的测评方法，主要包括课堂表现评估、作业、考试等，并注重科学性的测评工具，对学生学习和进步情况进行全方位了解。在多重压力的驱使下，教师往往更加注重教学测评的调整与反馈，根据测评结果，准确定位教学中存在的问题，第一时间调整教学策略，从而增强教学效果。这样一来，教师的教学测评能力会得到进一步提升。

4. 对利用现代教育技术的能力的影响

在混合式教学中，为了确保教学的顺利开展，需要教师具备一定的现代教育技术，灵活应用视频会议工具、在线协作平台以及学习管理系统。与此同时，教师需要处理混合式教学中可能出现的各种各样的技术问题，能快速诊断和解决常见的技术故障。在压力的驱使下，教师往往在实际教学中会主动地尝试和运用现代教育技术，关注现代教育技术的实际应用效果，通过反复不断的实践，优化现代教育技术的应用效果，从而实现自身利用现代教育技术的能力的提升。

（三）压力对教师自我完善与发展的能力的影响

1. 对批判性反思与终身学习能力的影响

在漫长的职业生涯中，为了避免出现职业倦怠的情况，教师需要保持持续成长和专业发展，这需要定期反思自己的职业发展情况，并寻找有效的职业发展路径。同时，面对不同学生多样化的学习需求，教师需要批判性反思自己的教学方法能否满足学生的需求，并主动学习差异化教学的理论与实践。在这些压力的驱使下，教师需要不断提升自己的批判性反思与终身学习的能力，在促进自身职业发展的同时，充分地满足学生的需求。

2. 对创新与实践能力的影响

传统教学方法已无法满足学生的学习需求，为了不断激发和保持学生的学习兴趣，教师需要不断创新教学方法，对现有教学实践的不足进行反思，并在教学实践中积极尝试新的教学理念与方法，从而不断提升学生学习效率。因此，在压力的驱使下，教师需要加强对新的教学方法的研究与实践，从而有助于教师创新与实践能力的提升。

3. 对教育研究能力的影响

随着教育的发展，新兴教育模式不断涌现，如翻转课堂、混合学习等，需要教师能够快速适应。对此，教师需要深入研究新型教育模式，了解各个教学模式的理论基础和实践方法，通过实证研究，对新型教育模式在教学中的适用性进行分析与评判。

第二节　压力对教师身心健康的影响

一、压力对教师身体健康的影响

事实上，面对压力，个人会产生生理反应和心理反应。对于教师而言，压力对其身体的影响主要体现在以下方面。

（一）压力对教师躯体病症的影响

压力对教师躯体带来的影响，主要通过神经、免疫、内分泌三个系统间进行多重双向交流的方式进行，可能会使神经—内分泌—免疫调节出现一定的障碍，进而引发相关病症。压力对教师躯体病症的影响如图6-1所示。

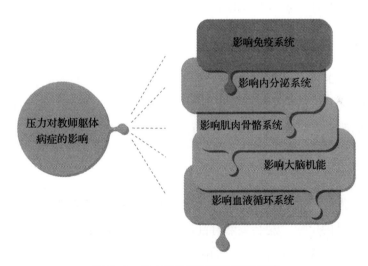

图6-1　压力对教师躯体病症的影响

1. 影响免疫系统

源自社会、工作、生活等方面的多重压力往往是持续存在的，甚至有时还会出现新的压力，机体总是处于压力调节过程中，如果能进行及时有效的调节，就能维持免疫系统的平衡状态，但如果无法进行及时有效的调节，就会减弱免疫反应，可能会引发相关疾病。

2. 影响内分泌系统

当人体感觉神经系统接收到来自体内和外界的各种刺激后，会发放一系列神经冲动，进而输送至脑部的大脑皮层，大脑皮层接收到刺激后会对信息进行加工，进而将信息通知给脑中的垂体。脑垂体结合所获取的信息，会自动激发各内分泌腺生产的机体，让这些机体分泌出激素，从而对身体的某些部位进行刺激，形成一系列的生理过程。

3. 影响肌肉骨骼系统

肌肉运动指人体运动过程中肌肉的收缩和放松，肌肉在工作过程中处于收缩状态，在完成任务后处于松弛状态。面对来自外界和自身的压力，个体应该采取相应的行动，如果个体强行抑制自己不做出行动，其自身的肌肉便会处于准备的紧张状态。如果一个人的肌肉长时间处于紧张状态，甚至在睡觉过程中肌肉也处于半收缩状态，久而久之，可能会产生慢性肌肉痉挛。而慢性肌肉痉挛容易引发慢性腰背痛。此外，相较于其他肌肉，如果头部和颈部的肌肉长时间处于较为严重的紧张状态，则容易引发头痛。

4. 影响大脑机能

倘若一个人处于利害冲突的状况中，却没有第一时间采取有效的处理措施，使心理长时间处于紧张状态，就有可能出现神经衰弱的问题，严重者还会出现精神失常。俄国生理学家伊万·彼得罗维奇·巴甫洛夫（Ivan Petrovich Pavlov）曾经通过动物完成实验，有力证明了精神紧张能够让动物出现类似于精神病的问题。

5. 影响血液循环系统

当一个人所承受的心理压力过大时，就会产生紧张情绪，心血管系统会出现显而易见的反应。这会突然打乱原本井然有序的生理步骤，使动脉处于收缩状态，对血液流动造成一定的阻抗，就好像皮肤被割破之后血液浓度上升、出血量自动减少一样。在这种情况下，血液会减少向身体各处的流动，造成血压升高。这种身体的反应机制属于暂时性的调节，但如果转变为习惯性的发作，就有可能发展成各种相关的病态，由简单的一种不规则的心跳（心律不齐）发展成高血压、冠心病。这些病如果采取的措施不够妥善或不合适，就会成为致命的疾病。

（二）压力对教师亚健康的影响

健康是人体的最佳状态，即第一状态。失去健康的疾病状态是第二状态，除以上两种状态外，还存在着介于两者之间的第三种状态，即亚健康，它是一种非健康、非疾病的临界状态。"亚健康"概念诞生于20世纪80年代，亚健康状态是20世纪80年代后半期国际范围内的医学新思维，标志着人们生活水平逐步提高，以及人们对健康的要求日益提升。亚健康不仅会影响到教师的个人生活，还会影响到其职业生涯。因此，教师应高度重视自身的亚健康问题，提升自身的健康水平。

1. 亚健康的表现形式

亚健康现象可以进一步划分为两种类型，一种是生理亚健康，另一种是心理亚健康，这两种亚健康状态相互依存、相互影响，具有各自不同的表现形式。

（1）生理亚健康表现形式。教师的生理亚健康表现形式主要体现在以下方面：多个部位的病痛，如头痛、颈肩痛、胸痛、腰痛、肌肉酸痛；掉发；体重减轻；喉咙处存在梗塞感；四肢无力；易疲劳；免疫力降低等。

（2）心理亚健康表现形式。教师的生理亚健康表现主要体现在以下几方面：存在多种不良情绪，如焦虑、烦躁、抑郁；记忆力衰退；注意力难以集中；喜欢清静，对社交应酬有抵触心理，人际关系紧张；睡眠质量欠佳或存在睡眠障碍；存在自闭倾向；工作效率下降。

2. 压力对亚健康的影响

压力对教师的亚健康具有非常重要的影响。在现代教育环境中，教师所扮演的角色显得越来越重要，不仅肩负着传授知识的使命，还承担着促进学生个性全面发展的重任。压力是教师生活和工作中的组成部分，如果教师可以正确认识、处理压力，将有助于教师避免或脱离亚健康状态。

从生理亚健康的角度看，适度的压力有助于激励教师更加关注自身健康。当前阶段，教师的工作节奏较以往来说普遍较快，适度的压力促使教师多途径寻找各种有效的减压方法，采取健康管理措施，如进行健康检查、调整饮食结构以及参与体育锻炼等，增强自身体质，提高自身免疫力。

从心理亚健康角度看，适度的压力有助于教师的自我反思与成长，从而提升教师的自我认知水平和职业素养。面对适度的压力，教师会更加关注心理健康，主动寻找缓解心理压力的途径，寻求情感支持，进行心理咨询，从而缓解工作焦虑和压力。由此一来，教师心理健康水平会获得一定程度的提升，其自信心和自我效能感也能有所增强。

二、压力对教师心理健康的影响

所谓心理健康，指个体在身体、智能、情感等方面，可以保持与他人的心理不相矛盾，并将个人心理发展成良好状态。根据心理健康的定义可知，心理健康主要包括两层意思：一是不存在心理疾病；二是一种积极发展的心理状态，后者是心理健康的本质含义，代表着要清除所有不健康的心理倾向，使一个人的心理达到良好的状态。

心理健康是个体的一种心理体验和状态，是对外界刺激的内在反映。相较于其他社会群体，教师更容易出现心理健康问题，主要是因为教师面临着内源性压力和外源性压力，其中，内源性压力主要包括责任心、事业心、工作交流、不善于调节苦恼与困惑等；外源性压力主要包括教育教学改革、使命任务艰巨、社会升学期望高、管理体制改革等。

（一）对心理健康的认识

1. 心理健康的标准

有关心理健康标准的研究，目前大致可归纳为以下三条不同的线索：

（1）第一条线索：根据外部标准对心理健康进行描述。外部标准没有将心理健康看成一种主观状态，而将其看成具有某些社会期望的品质。由于外部标准代表着社会的认可与期望，所以，诸多研究者倾向于采用外部标准界定心理健康。在这类标准中，个体的心理状态是否健康并不是由其自身的主观感受和判断所决定的，而是由观察者的评价标准所决定的。

（2）第二条线索：根据人们对自己生活的积极评价程度对心理健康进行描述。这类标准其实是心理健康的主观标准。因此，心理健康被当作是生活满意感以及对幸福生活的认识。心理健康的主观标准主要蕴含三部分内容：第一，心理健康具有主观性，心理健康存在于个人的体验之中；第二，主观心理健康涉及积极方面，心理健康意味着缺乏或较少消极因素，存在或增加积极因素；第三，主观心理健康涉及个人生活的每个方面，不仅包括心理健康，还包括心理问题。

（3）第三条线索：从情绪角度对心理健康进行描述。心理健康与人们的日常生活息息相关，心理健康整体上是一种愉快的情绪和情感体验，以积极情绪为主，不存在或少量存在消极情绪。

关于心理健康的标准，仁者见仁，智者见智，虽然尚未达成一致，但存在两大倾向：一是对于人心理健康表现形式的衡量具有多样化特征，因此，心理健康的标准应该具有多样化特征；二是心理健康标准虽然是多样化的，但蕴含着统一性。通过整理大量文献资料，笔者认为，立足于心理健康标准的统一性，不同心理健康标准应该包括以下几点共同标准：

（1）积极、稳定、协调的情绪和良好的心境。

（2）可控制、坚强的意志。

（3）正确的自我意识和健全的人格。

（4）良好的交往能力与和谐的人际关系。

（5）良好地适应环境的能力。

（6）良好地耐受挫折的能力。

2. 心理健康自查量表

心理健康的自查量表可以帮助个体了解自己的心理健康状态，判断自己是否存在心理问题。如表6-1所示，答"是"计1分，答"否"不计分，当总分不超过9分时，代表心理处于健康状态。

表6-1　心理健康自查量

被提问时是否会紧张得出汗	是	否	是否经常被人误解	是	否
遇到不熟悉的人是否手足无措	是	否	脾气是否暴躁、焦急	是	否
遇到熟人是否会影响工作的正常开展	是	否	被冒犯时是否火冒三丈	是	否
紧张时头脑是否不清醒	是	否	受到他人批评时是否暴跳如雷	是	否
内心紧张时是否容易出差错	是	否	面对别人的请求帮助是否不耐烦	是	否
是否经常搞错别人交办的事情	是	否	是否经常发抖	是	否
是否经常哭泣	是	否	别人做错事，自己是否也会恐惧不安	是	否

续表

	是	否		是	否
没有熟人在身旁是否恐惧不安	是	否	半夜是否经常听到声响	是	否
没有会因不愉快的事情缠身、解脱不开	是	否	是否经常做噩梦	是	否
是否因处境艰难而气馁、沮丧	是	否	眼前是否经常浮现出恐怖的情景	是	否
是否经常愁眉不展	是	否	是否经常出冷汗	是	否
遇到事情是否经常无所适从	是	否	别人是否认为你神经质	是	否
是否神经过敏	是	否	是否一点也无法宽容别人，即便是自己的朋友	是	否
是否患有精神官能症	是	否	做所有事是否都缺乏条理性，松松垮垮	是	否
感情是否容易冲动	是	否	是否会因突然的声响跳起来，全身发抖	是	否

（二）压力对教师心理健康的影响

1. 教师心理健康的标准

总的来说，教师心理健康主要包括以下内容：

（1）认同教师角色。勤勤恳恳地开展教育工作，对教育工作保持充满热爱与热情，积极、主动地全身心投入教育工作中，在教育工作中充分展现自身的能力，并在此过程中获得成就感和满足感。

（2）拥有和谐的人际关系。对于教师这一工作来说，和谐人际关系主要体现在以下几个方面：

1）清楚地了解彼此的权利和义务，基于互惠定律建立人际关系，个人思想、目标、行为可以与社会要求保持统一。

2）客观评价他人，不以貌取人，不以偏概全。

3）与人相处秉持尊重、信任、赞美等积极态度。

4）与他人展开真诚、积极的沟通。

在师生互动中，教师和谐的人际关系主要表现为与学生平等相处，教师不仅要有效树立威信，对学生进行正确领导，还要善于帮助学生学习和生活。

（3）正确了解自我、体验自我和控制自我。教师应该可以正确感知现实环境，对自我和现实、现实和理想之间的关系进行平衡。在教育活动中主要体现在以下几个方面：

1）结合自身实际情况，确定科学的工作目标和个人抱负。

2）具备良好的个人教育效能感。

3）可以在教学活动中进行自我监控，并以此为依据合理调整自己的教育观念，优化自己的教育结构，采取行之有效的教学行为。

4）了解他人对自己的评价，并做出客观的自我评价。

5）具有良好的自我控制、自我调适能力。

（4）在生活和工作中可以真实地感受情绪，并恰如其分地控制情绪。教师的劳动、服务对象是一个个鲜活的人，所以，情绪健康对于教师而言至关重要。教师的情绪健康主要体现在以下几个方面：

1）保持积极乐观的心态。

2）不将生活中不愉快的情绪带入课堂，不迁怒于学生。

3）对待学生一视同仁。

4）沉着冷静处理课堂情境中的不良事件。

（5）具有教育独创性。在教学活动中坚持不断学习，革故鼎新，追求不断进步。可以按照学生的生理、心理以及社会性特征，对教材进行创造性的理解与应用，积极探索创新性的教学方法，设计环环紧扣的教学环节，正确使用语言，妥善布置作业等。

2. 教师心理健康的重要性

教师心理健康不仅与教师个人的幸福感和职业发展存在着非常紧密的关系，还对学生学习效果和整体教育质量有着直接的影响。

（1）教师的教学效果在很大程度上取决于教师的心理健康。教师的心理状态如果一直可以保持良好状态，就能以积极的心态面对各种各样的教学工作，并充满活力与激情地投入教学活动的设计与实施当中。而且，对于学生而言，教师的情绪状态具有潜移默化的影响。心理健康状态良好的教师，可以通过展现积极向上的情绪和态度，引导学生逐渐形成积极的人生态度和健康的心理。心理健康的教师在课堂教学中可以呈现出良好的情绪状态，对学生的情绪起到激励和感染作用，有助于营造出积极向上的学习氛围，促进学生自信心和内在动机的发展，有助于学生更好地投入学习，提高课堂参与度，为教学效果的改善奠定良好基础。教师的情感表达、互动风格及课堂管理方式都受到其心理健康水平的影响，心理健康的教师能够与学生建立积极的互动关系，为良好的教学效果奠定基础。研究表明，教师的启发技巧、人格魅力以及情绪调节能力等因素直接影响教学效果。同时，教师的心理健康状况也与其工作满意度、职业倦怠感等密切相关，进而影响到教学质量和学生的学业表现。

（2）教师的心理健康影响着学生的心理健康发展。教师的心理健康不是一个简单的个人问题，而是关系到学生心理健康成长的重要因素。心理健康的教师可以与学生建立和谐友好的师生关系，密切关注学生的心理需求，为学生提供及时有效的帮助与支持，这有助于学生形成健全的人格。健康和谐的师生关系不仅能帮助学生取得学业上的进步，还能增强学生的自信心，培养学生较强的社会适应能力。

教师的心理健康之所以影响着学生的心理健康，主要有以下几点：第一，每个群体内部都存在着"心理场"，正是因为"心理场"的存在，使得群体内部每个成员的心理相互影响、相互作用。"心理场"指个体在特定时刻和情境下，内外部因素共同作用下形成的心理状态和环境。教师是学生学习中的引导者、监护人、管理者，特殊的身份使教师更容易通过言行对学生产生影响。第二，相比于学生家长，教师有更长的时间可以与学生进行"有效接触"，每天接触时间通常可以达到7~8个小时，父母虽然每天与孩子相处时间达10余个小时，但睡眠时间占很大比例，而且，父母和孩子在很多时候独自活动，面对面接触的时间不多。因此，相比于家长，教师与学生有更多机会和时间接触，更容易以自身言行来影响学生。第三，模仿是每位学生的天性，再加之学生认知能力有限，教师作为学生的模仿对象，其言行举止和心理状态对学生产生着十分深远的影响。

（3）教师的心理健康关乎学校整体氛围和教育质量。心理健康的教师往往具备着互帮互助的团队精神，这有助于教师之间的通力合作，对于学校内部的良性互动和相互协作起着重要的促进作用。教师之间的相互理解和情感支持，既有助于提升工作效率，还能创设友好和谐的工作氛围，促进校园文化的建设，为教育质量的提升奠定基础。除此之外，心理健康的教师可以从

容不迫地应对教育中的各种困难与挑战，共同围绕现实问题展开研讨，从而
促进学校整体教育水平的提升。

　　3. 压力对教师心理健康的影响表现在多个方面

　　多项研究指出，教师的工作压力与其心理健康水平之间存在显著的正相
关关系。这意味着，随着工作压力的增加，教师的心理健康问题也可能随之
增多。这种关系不仅体现在教师的主观感受上，如焦虑、抑郁等情绪的出现，
还可能反映在教师的生理健康上，如身体疲劳、消化道溃疡等身心症状，以
及冠心病、新陈代谢紊乱等慢性症状。

　　压力常会使教师出现紧张、焦虑、担忧、抑郁、疲惫、不安、无助等不
愉快的情绪；这些情绪问题可能对其教育教学工作产生负面影响，如导致自
信心下降、对工作不满、职业倦怠等现象。在压力的持续影响下，教师可能
会出现一些消极的行为变化，如不修边幅、行为冲动、易激怒、对刺激性物
质的依赖性增强（如抽烟酗酒、滥用药物）、言语过激、怠工旷工、不愿参加
活动、人际关系出现障碍等。长期的工作压力还可能导致教师的认知功能受
损，如注意力难以集中、记忆力减退等，从而影响其教学效果和决策能力。

　　对于教师这一群体而言，工作压力会对职业倦怠产生直接的影响，但不
会对心理健康状态产生直接影响，工作压力经由职业倦怠对心理健康水平产
生间接的影响。[①] 工作压力是诱发教师职业倦怠的主要原因之一。职业倦怠指
个体在工作重压下产生的身心疲劳与耗竭的状态。教师的职业倦怠与心理健
康水平间存在着正相关关系，即随着职业倦怠水平的提升，教师的心理健康
水平会持续降低，相反，随着职业倦怠水平的降低，教师的心理健康水平会
持续升高。两者的关系可以进行如下解释：职业倦怠作为个体在持续增长的
应激过程中的反应，可能会造成个体在心理活动、心理结构以及心理调节等
方面存在不安定状态，进而出现抑郁、焦虑、易怒等相关情绪波动，进而影
响到心理健康水平。教师职业倦怠的形成，工作压力是一个主要因素。如果
教师长时间处于高压环境中，可能会在身体和情感方面感到疲惫，进而引发
焦虑、情绪不稳定等情况。因此，工作压力通过引发职业倦怠，对教师的心

理健康水平有着间接的影响。

第三节　压力对教师和谐生活的影响

一、教师和谐生活的内涵

（一）和谐生活的内涵

人类生活与社会发展息息相关。社会发展水平对人类生活方式起着制约作用，人类生活方式又反作用于社会发展。自"构建社会主义和谐社会"这一观念提出以来，逐渐深入人心，且正在取代传统的发展观成为社会的共识，这种转变对人类生活方式产生了十分深远的影响。

和谐生活是一种文明、健康、节约、合作、进步的生活方式。文明指人们的生活活动和行为方式逐渐摆脱陈旧落后、僵化、封闭的生活方式，转变为自主、变革、发展、开放、发展的现代化生活方式，达到与现代工业社会各方面文明相适应的水平，包括物质文明、政治文明、精神文明、社会文明成果，并体现在新时代人类文明所取得的成就中。健康指人们在物质需求得到满足的基础上，积极接受文化教育、科学技术的熏陶，参与丰富的娱乐活动和多样化的体育运动，不断提升自身的道德情操和审美情操，坚决抵制愚昧、反动腐朽的生活方式，形成健康合理的生活活动结构，有效配置各种各样的生活资源，包括生存资料、享受资料以及发展资料等。节约指坚持勤俭节约的生活态度，选择科学合理、量入为出的消费方式。合作指人与人、人与自然、人与社会相互依赖、友好共生。进步指人的思想观念、知识积累以及生活与社会发展相同步，在各个方面追求与时俱进。

和谐生活是人们的不懈追求，不仅体现了社会主义制度的优越性，还是我国社会生活变迁的必然发展趋势。不同领域下的和谐生活有着不同的描述，从政治领域来说，和谐生活可以简单概括为民主法治、公平正义；从社会领域看，和谐生活可以简单概括为诚信友爱、充满活力、安定有序；从文化领域看，和谐生活可以简单概括为人与自然和谐相处。简而言之，和谐生活是以人为主体的社会的和谐发展状态，主要包括人与人、人与社会以及人与自然之间的友好和谐。

（二）教师和谐生活的内涵

教师和谐生活，即教师在工作和个人生活中达到平衡和满足的状态，包括良好的工作环境，适当的工作负担，充足的休息时间，高质量的家庭生活，社会的高度肯定与认可，享有公平合理的薪酬与工资待遇，物质需求得到充分满足，生活条件良好，参加各种文化教育和娱乐活动，恪守勤俭节约优良传统，注重环保和可持续发展。

教师和谐生活可以通过教师工作生活质量来衡量。"工作生活质量"的提出反映了人们对自身和谐的追求。人自身的和谐包括生命存在和生活质量两个方面；前者主要指向工作，它既是人生存资料的来源，也是人生命价值的基本内容；后者则指生存的质量。[①] 工作生活质量是将人本化思想融入组织管理之中，综合地关注工作的各项因素，趋向组织与员工双赢发展。因此，教师工作生活质量是学校为达成目标提高教师与学校的协调性，增强教师的归属感，趋向学校与教师双赢发展的努力过程。

二、教师和谐生活的重要性

教师和谐生活的重要性如图 6-2 所示。

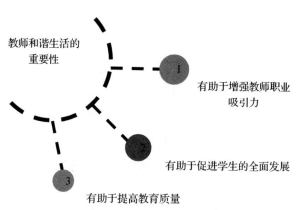

图 6-2 教师和谐生活的重要性

（一）有助于增强教师职业吸引力

教师职业吸引力的增强是教育进步的基石，而教师和谐生活是教师职业

---

① 孙钰华. 工作生活质量：追求教师工作与生活的和谐发展 [J]. 比较教育研究，2008（4）：83-87.

吸引力得以增强的关键所在。教师是教育过程中教的主体，其生活是否和谐是影响教育质量、学生发展的直接因素。如果教师生活和谐，具有较强的幸福感，一方面可以提升教师的职业热情，另一方面可以吸引更多优秀年轻人投身于教育行业中，为整个社会的进步与发展奠定基础。和谐生活的概念不仅涉及物质层面，还涉及精神层面。在物质层面，如果教师的薪酬待遇、医疗、住房等方面的生活条件得到充分保障，教师就能积极主动地投入工作当中，并且在今后的职业选择中，教育行业会展现出更强的吸引力。教师的和谐生活也包括职业发展空间的延伸。在现代社会，为了应对不断变化的教育需求，教师既要完成知识的传授，又要不断提升自身的专业能力。学校为了留住优秀教师，可以采取继续教育、进修培训以及规划专业发展路径等方式。当教师真切地体会到自己的职业生涯可以得到不断发展时，会更加乐于从事教育工作，并且良好的职业发展环境会吸纳更多毕业生加入教师队伍。

（二）有助于促进学生的全面发展

教师不仅是学生人格的塑造者，也是学生价值观的引导者。在学生生活和学习中，教师的态度、言行都是影响学生全面发展的直接或间接因素。而教师的生活质量是影响教师教育投入程度和教学效果的决定性因素，进而对学生全面发展产生着影响。和谐的生活状态意味着教师的工作和生活得到平衡，可以在生活中获得幸福感和满足感，进而充满热情地投入生活和教学中，并且极具创造力。教学不只是传授知识，更重要的是人格的培养和思维方式的引导。如果教师的生活和谐，就能以更加积极、乐观的心态面对工作，在为学生设计教学活动时愿意投入更多的精力和时间，因材施教，努力为学生提供难以忘怀的学习体验。由此，有助于培养学生的学习兴趣，提升学生的创新能力，锻炼学生的批判性思维，为学生的全面发展奠定基础。

（三）有助于提高教育质量

教师是教育活动的主体，他们的生活是否和谐，对教育质量产生着直接的影响。

首先，处于和谐生活中的教师无须为生活担忧，可以在完成教学任务时保持充沛的精力和积极的心态。和谐的生活环境主要包括健康的家庭关系、丰富的业余生活以及稳定的情感支持，有助于缓解教师来自工作的压力，使教师更有激情地投入教学工作中，有助于激发出教师在教学中的创造力，为教育质量的提升奠定基础。

其次，教师拥有和谐生活往往意味着教师具备良好的情绪调节能力，可以有效管理自己的情绪，对待人与事物保持足够的耐心，可以轻松与学生建立亲密友好的关系，创设出良好的学习氛围。在和谐生活状态下，教师面对学生的个性化需求可以保持宽容的态度，因材施教，为学生量身定制个性化的教育策略，促进学生的学业进步。

三、压力对教师和谐生活的影响

虽然压力往往被看成负担和挑战的来源，但它也是教师实现自我改善、提高生活质量的动力源泉，只要恰当应对压力，就能转压力为动力，促进教师生活和谐发展。压力对教师和谐生活的影响如图 6-3 所示。

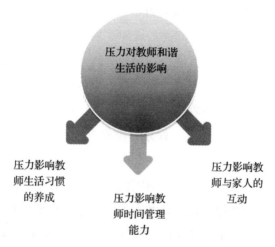

图 6-3　压力对教师和谐生活的影响

（一）压力影响教师生活习惯的养成

生活习惯主要包括作息、饮食、社交、运动以及精神调适等多方面内容。规律的作息、健康的饮食习惯有助于提高个体的身体素质。良好的社交习惯有助于维护和谐的人际关系。科学合理的运动有助于增强个体的体能，提高个体的抗压能力。适当进行阅读、冥想等精神调适，可以保持个体内心的满足感。良好的生活习惯可以显著减少生活中的压力，消除摩擦，有助于提高个体生活的和谐发展。

面对多重压力，大部分教师通常会逐渐意识到，要想更好地应对工作和生活挑战，保持身体健康是前提。在这种意识的驱使下，他们会在日常生活中关注饮食和锻炼，从而有效承受不同强度的压力。在饮食方面，教师应该尽可能少地选择糖分和脂肪含量多的食物，而应选择营养丰富、低脂肪以及高纤维的食物，长此以往，更容易逐渐养成健康的饮食习惯，进而有助于提高身体抵抗力，使身体的能量维持在一个稳定水平，以便有效应对日常生活和工作中的压力。增强体力和耐力也是有效应对压力的方法，为了应对压力，很多教师会选择定期进行有氧运动，这不仅对于教师身体素质的提升十分有益，还能使教师在忙碌的工作中获得身心放松的机会。通过坚持不懈的运动锻炼，教师可以有效地管理压力，并在各种压力面前保持充沛的精力和积极的态度。

（二）压力影响教师时间管理能力

时间管理能力指个体对时间进行合理规划、有效利用的能力。如果个体具备良好的时间管理能力，就能在有限的时间内完成更多的任务，不仅可以显著缓解压力，提高工作效率，还能平衡好生活与工作之间的关系。时间管理能力与和谐生活之间存在着千丝万缕的联系，良好的时间管理能力可以让人们留出更多的时间用于休息、娱乐与家庭互动，提高个体的情感满足感，从而促进个体生活的和谐。

面对多重压力，教师需要加强对时间的利用与分配。应很好地锻炼教师的时间利用能力，为教师和谐生活状态的保持起到重要的促进作用。面对多项工作任务，教师需要利用有限时间实现效率的最大化，这需要教师严谨、科学地安排和分配每一项工作的时间，争取不要浪费无谓的时间。当教师可以高度重视时间时，就能在日常工作中注意力更加集中，习惯于制订详细、具体的时间表或计划表，力争使每一项任务都可以在规定的时间内完成，这也为休息预留出了充足的时间。通过精细化分配时间，教师可以更加高效地完成各项工作任务，为日常生活中的多样化活动提供更多的时间，使教师可以追求个人爱好，或者与家人共度欢乐时光，让教师的生活更加丰富、充实、有意义。

（三）压力影响教师与家人的互动

高质量的家庭互动可以为教师提供强有力的情感支持和精神慰藉，有助于缓解教师的工作压力，使教师保持心理上的平衡。教师通过与家人之间进行良好的互动，如分享工作中的挑战与成果，可以获得家人的理解与支持，这反过来会增强教师的工作动力，提升教师的生活幸福感。

一方面，压力促使教师更珍惜与家人相处的时光。面对复杂的工作和多重责任，教师会越来越意识到自己心理安慰、情感支持主要来源于自己的家庭。由于工作时间占据教师大部分生活时间，所以教师会在有限的闲暇时光里更加珍惜与家人之间进行沟通与交流，更加主动地参与到家庭活动中，如与家人共同用餐、散步、聊天以及外出旅行，希望可以利用这些机会增强与家人的感情。由此一来，不仅有助于提高教师与家人互动的质量，还能使教师在面对各种各样的工作压力时，从家庭中获得理解与支持。

另一方面，压力促使教师更加关注家庭成员的情感与需求。面对工作压力，教师会越来越意识到，家庭成员在日常工作中也面临着不同程度的挑战，并与之产生强烈的共情，促使教师更加积极主动地关心家人，并希望可以为家庭成员提供心理慰藉和情感支撑。教师在工作结束回到家中之后，预留出足够的时间，从情感层面与家庭成员进行交流与互动，对家庭成员的感受给予更多关注。由此一来，可以增强教师与家人之间的情感纽带，有助于提升家庭的整体幸福感。

第七章　教师压力源分析

压力源，又称应激源，指任何能够被个体知觉并产生正性或负性压力反应的事件或内外环境的刺激。它是导致个体产生压力反应的情景、刺激、活动和事件。作为刺激被人感知到，或作为信息被人接收到，这些刺激会引起主观的评价，并产生一系列相应的心理和生理变化。如果刺激需要个体付出较大努力才能进行适应性反应，或这种反应超过了人所能承受的适应能力，就会导致人的心理、生理平衡失调，即紧张状态反应的出现，而使人感到紧张的内外刺激就是压力源。理解和识别教师的压力源，是制定有效的压力管理策略、促进教师身心健康和职业发展的关键。教师的压力源是多元的，笔者尝试从社会方面、工作特性方面、个体与职业发展方面、技术变革方面展开论述。

第一节　源自社会的工作压力

一、快节奏的社会生活

随着信息化社会的到来，"快节奏""程式化"开始成为人们工作节律的主要特点。教师职业是一个"无阶梯"的生涯，他们承担着课堂教学、教育研究、实习指导等多项任务。为了跟上时代的步伐，满足社会发展的需要，教师必须打破传统教育封闭状态，从多样化的渠道广泛获取信息，不断学习、掌握新的知识。但这同时让他们面临着巨大的压力。

教师往往都有着较强的责任感与事业心。而当责任感与事业心与快节奏结合在一起，便会给人们的身心发展造成不良影响。例如，有的教师总觉得时间不够，将每天的时间切分到最小，每天都处于忙碌、焦虑的状态中，整个人就像处于离心机一样，身心超负荷运转。长此以往便患上了快节奏综合征（即因生活或工作节奏过快而引发的一系列心理不适或精神障碍）。快节奏综合征不仅会使人产生心理上的不适，如不安、忧虑、紧张等，还会让人出现神经性呕吐、神经性头痛等生理症状。

面对由快节奏社会生活产生的压力，需要用"慢生活"来缓解。快节奏的人就像流水线上的工人一样，减慢节律化的行为模式，需要人们有意识地"慢"下来，而不是在机器出现故障的时候，不得不停止运动。讲究"慢"是应对现代生活的一种积极方式，"慢"的最终目的在于更好的"快"，是一种身心平衡。对教师而言如果一味地讲求速度，不仅不利于身心健康，还会使其忘却最初的理想和生存的本质。

二、日益激烈的社会竞争

社会竞争给教师带来的压力主要体现在以下几个方面：

（一）与外来人才的竞争

随着教育改革的不断深入，学校与学校之间展开了激烈竞争。而人才竞争是学校竞争中的重要内容。为了促进教育教学改革，提高本校教学质量，学校便会从校外大量引入大量优秀人才。与外来人才在就业岗位、课题申请、职称评定等方面展开的激烈竞争，给本校教师带来了较大的压力。

（二）与本校教师的竞争

身处同一所学校，与本校其他教师之间的竞争是在所难免的。这种竞争主要体现在教学岗位、晋升机会以及教学评估等方面。

1. 教学岗位的竞争

一所学校所拥有的优秀课程资源是有限的，学校管理层往往会结合教师的教学经验、学生反馈、教研成果等因素进行分配。为了在这种竞争中取得优势，教师不得不努力提高自身的教学水平、教研能力等，而这样一来会使教师产生相应的压力。

2. 晋升机会的竞争

晋升机会的竞争也是教师压力源中的一部分。学校会根据教师在教学、教研、科研等方面的表现来评定教师的晋升资格。教师想要从众多人选中脱颖而出，得到晋升，就必须在各个方面拥有出色的表现。这种竞争可能会让教师在教学工作中承受更大的压力。

3. 教学评估的竞争

在教育改革不断深化的背景下，教学质量的评估越来越受到人们的重视，成为现代教育体系中的重要内容。在教学评估中脱颖而出可以给教师带来更好的发展机会。为此，教师需要在教学方法的改进、教学内容的创新、课堂互动的提升等方面投入更多的时间与精力，相应地，也需要面临一定的压力。

（三）与同一研究领域学者的竞争

除了与校外人才以及本校教师进行竞争外，教师还要与同一研究领域的学者进行竞争。同一研究领域的学者主要指知名学者、学科带头人以及兼任教学科研与行政双重领导任务的人。这类学者往往掌握着丰厚的教育资源，在学术领域有着较大的影响。与大多数教师相比，这些学者在生源、设备以及项目方面占有优势。因此，在与他们的竞争中，教师往往会感受到巨大的压力。

三、较高的社会期望

作为教师压力源之一，社会期望指社会对教师报以较高的期望。教师的社会期望主要来源于以下两个方面：

（一）校外的社会

一方面，教师往往有着较高的知识水平，无论是在学校还是在社会上都有着至关重要的影响，这使得社会对教师有着较高的期待，认为他们应该具有良好的教师形象。良好的教师形象主要体现在以下两个方面：其一，外在形象，包括教师的衣着服饰、言谈举止等，教师的外在形象应该符合教师身份；其二，内在形象，即精神风貌，教师应该拥有良好的师德、高尚的人格。

另一方面，教育改革也是造成社会对教师期望较高的原因。教育改革往往伴随着教学方法和课程内容的更新，这要求教师不断掌握新的知识，提高自身的教学改革创新能力。而这些方面的高要求使得社会对教师的期望不断提高。

（二）学生群体

学生群体对教师的高期待主要体现在教学方法与学术知识水平上。

1. 教学方法上的高期待

互联网的高速发展使学生们获得了接触更多教学课程资源的机会，学生可以利用电脑、手机等在网上搜索到各种各样的教学资源。在接触到高质量的课程资源后，学生自然会将自己的授课教师与其他教师进行对比，从而对教师产生更高的期待，这在无形之中增加了教师的压力。

2. 学术知识上的高期待

随着网络技术与信息技术的不断发展与普及，学生与教师都可以接触到先进的理论研究成果，而学校教育提倡教师与学生相互交流，教师为学生答疑解惑，这也使得学生对教师产生了更高的期待，即教师可以在交流过程中向其分享最新的理论研究成果并解答他们提出的相关问题。想要实现这一点，教师需要随时查阅大量的相关文献资料，因此，这成为教师产生压力的重要原因。

第二节 源自教师工作特性的压力

一、工作环境的文化与氛围

任何一项工作都有给人们造成压力的潜在环境，这些潜在环境如噪声、不好的气味、不适宜的光线等，会给人们带来不好的心理体验，影响人们的精神状态。对教师而言，这种潜在环境就是学校的校园文化。校园文化具体到工作条件如图 7-1 所示。

人的生存与发展，不仅对自然环境有一定的要求，还需要被尊重以及拥有良好的工作氛围。人力资源管理中的雷尼尔效应认为，某项工作对人们的需求主要取决于它所提供的条件能否满足人们的内在需要。由于社会方面的压力源已经在上文中论述过了，下面将围绕教师工作环境中的物质条件、组织文化氛围以及心理环境中的人际关系展开论述。

（一）源自物质条件方面的压力

教师来自物质条件方面的压力主要体现在教研设施不足上。教研设施的不足往往意味着教学资源的匮乏，这样会迫使教师在有限的资源下进行教育教学研究，不仅会影响教师的教育研究成果产出，还会给教师带来一定的压

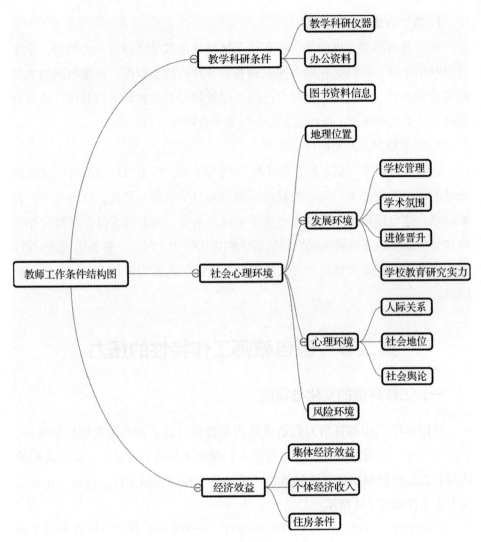

图 7-1　教师工作条件结构

力。学校的教学科研硬件设施，如实验室、图书馆、教室等，是教师进行教学和科研活动的基础。如果这些设施落后、陈旧或不足，将直接影响教师的教学效果和科研效率，从而增加教师的工作压力。例如，缺乏先进的实验设备可能导致教师无法进行高质量的实验教学，进而影响学生的实验技能和创新能力培养。

（二）源自组织文化氛围方面的压力

组织氛围指教师对组织功能的知觉，组织文化指教师在学校或学院专业体系内所共享的规范、理想与价值。组织氛围与组织文化会对教师的集体行为与个人行为产生一定的影响。当组织文化氛围无法为教师提供机会参与组织的决策过程，或是教师无法分享自己所在专业、学校的价值时，教师就会产生一定的压力。长期处于这种组织文化氛围中，教师便会产生不好的生理或心理反应。

每个人都渴望对自己的生活与工作有一定的发言权，可以成为生活与工作的掌控者。而在学校环境中，参与组织的决策过程是教师增强动机、保持工作满意度的重要因素。事实证明，关注自身且能够参与决策的教师，其压力水平会低一些。此外，组织目标的清晰性与教师对目标的理解程度也是教师保持士气的重要因素。虽然有的学校将目标定得很高且明确，但如果教师没有表达自己对目标达成的想法的机会，则会使其产生较大压力。

学校文化所倡导的教育理念会直接影响教师的教学观念和方法。在一个鼓励创新和多样化教学的学校环境中，教师会更有勇气尝试新的教学手段和策略，如运用多媒体教学资源、开展小组合作学习等，这样的环境能够激发教师的创造力，使他们不断探索更适合学生的教学方法，从而提高教学效果，减轻因教学方法单一或陈旧而产生的压力。相反，在较为保守和传统的学校文化中，教师可能会受到种种限制，不敢轻易突破常规，教学方法相对单一和僵化，这不仅限制了教师的专业发展，也可能增加其工作压力。

在一个积极向上、支持教师成长的学校文化中，学校会为教师提供丰富的培训机会、学术交流平台以及晋升机会，有助于教师不断提升自己的专业素养，实现职业目标。这样的环境能够激发教师的工作热情和积极性，减轻因职业发展受限而产生的压力。然而，如果学校文化缺乏对教师职业发展的关注和支持，教师可能会感到职业发展的空间有限，缺乏前进的动力和机会，从而影响工作的积极性和投入度，增加职业压力。

一个充满关爱、尊重和包容的学校文化，能够让教师感受到工作的意义和价值，从而产生强烈的归属感和职业自豪感。在这样的环境中，教师会以更加积极的心态面对工作中的挑战，对待学生也会更有耐心和爱心。这种积极的心理和情感状态有助于减轻教师的压力。相反，如果学校文化缺乏人文关怀和尊重，教师可能会感到孤独和无助，增加心理压力。

学校活动是学校价值观的载体，如运动会、旅游或学校庆典等。通过参与这些活动，教师能深刻体会到学校群体价值观，从而增加学校成员之间的相互理解和信任，营造出良好的学校环境氛围，使其身心得到放松。同时，这些活动有助于增强教师的凝聚力和归属感，减轻因缺乏归属感和认同感而产生的压力。

（三）源自人际关系方面的压力

对教师而言，除日常的教学、教研工作外，人际关系的协调也是其专业发展中的重要内容，因为教师是以人为主要工作对象的。与领导、同事以及学生之间的人际交往都会影响到教师的心理感受，成为教师压力源。

1. 与领导交往的压力

从人际关系的维度上看，教师与学校领导之间的关系属于纵向人际关系，即学校领导拥有管理教师的权力。领导与教师之间的关系主要是工作关系，与领导关系紧张会给教师带来一定的压力。

造成教师与领导关系紧张的原因主要在于领导者的领导方式。如果领导者的领导方式不当，或教师对领导方式不满意，都会导致教师产生工作压力。

给教师造成较大压力的不当领导方式包括：其一，权威式领导。这种类型的领导几乎决定着所有的政策，大到工作计划的制订，小到实施的步骤、方法，都要由领导发号施令；这类领导者与教师的日常接触不多、了解较少；教师的工作内容与教学资源的分配等也由这些领导决定。其二，放任式领导。这类领导者很少运用自己的管理权力，对教师采取放任的态度，只是偶尔发布意见，任务的完成主要依靠团队成员的努力。虽然这种领导方式有时会收获一定的成效，但从长远来看，沉重的工作任务无疑会给教师带来较大压力。

与权威式领导和放任式领导相对的是参与式领导。这种类型的领导通常会在一定的规范中，给予教师充分的尊重使其为了目标自发做出努力。参与式领导在管理团队、制定政策时会积极采纳教师的意见，使他们参与到决策过程中来。同时，在选择完成工作任务的途径、方法、计划方面，教师也享有一定的选择机会。在参与式领导的带领下，教师会对工作任务有更深刻且全面的认识，并在讨论中提出建设性意见。从教师的参与程度来看，参与式领导方式又可细分为三种类型，如图 7-2 所示。

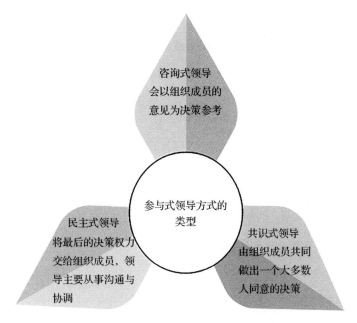

图 7-2　参与式领导方式的类型

　　虽然领导方式是导致领导与教师关系紧张的主要原因，但教师的应对方式也是其产生压力的重要影响因素。对此，教师应先了解不同领导的领导风格，并采用相应的方式进行应对，在双方畅通沟通的基础上，构建起良好的交往模式。

　　2. 与同事交往的压力

　　教师之间的友好交往关系对学校教师的整体凝聚力有至关重要的影响。由于同校教师之间本就存在一定的竞争关系，所以教师间更容易产生人际关系问题。如果与同事关系紧张，则可能会给教师带来烦恼，使其产生精神压力。

　　由于教师之间在认知、个性、能力、年龄、经验等方面存在着差异，所以教师之间可能存在沟通障碍，如误解、表达不清或缺乏沟通途径等。这种障碍不仅会降低教师的工作效率，还会增加教师的工作压力。

　　教师可通过参与测试的方式了解自己与同事的人际关系情况。下面提供一个可参考的测试表（见表 7-1），"0"表示从来或几乎没有；"1"表示偶尔有；"2"表示经常有；"3"表示总是这样。

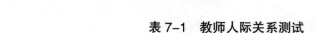

表 7-1　教师人际关系测试

测试题目	评分（0~3分）
我在给别人提建议的时候并不会表现出支配或控制别人	
虽然我总是很忙，但是当别人和我说话的时候我总是先把手中的事情放下	
当别人帮助我的时候，我总会表示感谢	
当有人想要表达意见的时候，我是一个很好的倾听者	
我能够清晰地表达自己的想法和意见	
我总是愿意并且准备好与他人分享信息、工作设备或其他工作资源	
我对同事的工作以及获得的成就表示赞赏	
我总是想办法让办公室的气氛比较融洽	
我愿意帮助同事把工作做得更好，而且不需要他们的回报	
当我发现同事的工作负担过重时，我会主动提出予以帮助	
如果我必须批评某人的话，往往也是私下里进行	
即便在我沮丧的时候也不会脾气暴躁	
我能够接受并尊重与我不同的意见	
我很认真地理解并且遵守学校的政策或规定	
当出现分歧时，我能够以建设性的方式处理冲突	
我诚实、公正，而且言行一致	
我总是接纳新同事，并让他们觉得和在家里一样温暖	
即便我不喜欢某人，我也能够对他以礼相待	
与我共事的人说我是一个好的团队成员	
人们信任我	

逐项打分后需要计算自己的总分。总分的具体分析如下：0~39分表示与同事间的人际关系有待提升，需要通过学习相关技巧来提高自己与同事间的关系水平；40~49分表示与同事的人际关系处于一般水平，可适当进行相关

技巧的学习；50~60 分表示与同事间的人际关系较好。

3. 来自师生关系的压力

对教师而言，师生关系是其教育教学工作中最基本的社会关系，这种关系是通过教师与学生在交往过程中相互信赖、相互理解形成的。如果无法形成良好的师生关系，那么教师将面临着不同方面的压力。具体来看，由师生关系引发的教师压力主要体现在教学管理以及与学生的沟通上。

（1）为了营造良好的学习氛围，保证教学效果，教师需要对学生的学习行为与课堂纪律进行管理。不同的学生有着不同的性格特点，有的学生可能会因为思维过于活跃而出现不遵守课堂纪律的情况，这给教师的课堂管理增加了难度。在教学过程中，既要将知识有效传授给学生，又要维持良好的课堂纪律，长此以往，无疑会让教师承担较大的工作压力。

（2）由于教师与学生在年龄、认知水平以及看待事物的角度等方面存在差异，所以教师有时可能无法完全理解学生的感受与想法。例如，教师在讲授某方面知识时认为自己已经讲清楚了，但学生却并未了解。这种沟通障碍可能会影响学生对教师的满意度，成为教师产生压力的原因。

二、工作时间与工作负荷

工作时间与工作负荷也是教师常见的压力源。与其他职业的工作者相比，教师的工作时间要更长一些，因为他们不仅要完成日常的教学任务，还要进行备课、教研、学生指导等。以高校教师为例，除有特定的教学工作安排外，他们的其他时间安排相对自由，办公室、课堂、实验室都可以成为其办公的场地，但正因如此，他们的工作时间与生活时间没有明确的界限，工作的压力自然也不会随着下班时间的到来而消失。长时间的高压状态会对他们身体与心理造成一定的损伤。

造成教师工作负荷大的情况主要有两种：其一，质量上的超负荷工作，即教师所承担的工作难度较大，其具备的能力无法胜任；其二，数量上的超负荷，即在规定期限内，教师需要完成的任务量过大。例如，某位教师既担任了教研组长，又是班主任，同时负责教毕业班的课。在这种情况下，教师就可能会因为担心无法按时完成管理任务与教学任务而产生较大压力。

三、工作考评

（一）源自工作绩效考评的压力

在工作绩效考评方面，如果一味地将学生的学习成绩作为教师工作成绩的考核标准，不仅无法使教师真正获得成就感，还会抑制教师的工作积极性，给他们带来较大的压力。此外，将工作绩效考评与个人职务、工作奖酬相结合也是使教师产生压力的重要原因。

（二）源自职称评定的压力

一些学校会将教师所教班级的学习成绩、升学率与职称评定挂钩，在此基础上要求教师拥有一定的科研成果。这使得教师在教学与教研间疲于奔命，产生很大的精神压力。

一个科学、完善的工作考评体系，不仅有利于教师专业水平的提升，还能帮助学校更好地发现人才、任用人才。但如果考评体系不健全、不合理，容易给教师带来难以应对的压力。对此，行政管理部门与学校管理者应在评价主体、评价方式以及评价内容上进行调整，采用过程性评价与终结性评价相结合的方式，对教师的专业知识、职业价值观、学生发展观、工作业绩、发展潜力以及教学能力等方面进行综合评价。

四、工作与家庭的冲突

教师的工作性质决定了其工作与家庭间难以产生明确的边界。这种边界的混乱会给教师带来较大的压力。在一个家庭中，当某个家庭成员因为压力而出现一些问题时，其他家庭成员也会受到相应的影响。研究表明，当工作与家庭之间产生冲突时，便会引发角色的交互冲突，即个体由于工作任务较重无法对家庭尽到应有的义务或是因家庭负担影响工作任务的完成。从这个角度来看，工作—家庭之间的冲突性主要体现在两个方面：一方面是过度的工作负荷影响了正常的家庭生活；另一方面是家庭方面的需求给工作带来了不便。对教师而言，前者是促使其产生压力的重要原因。

事实上，工作与家庭的冲突集中表现在时间与精力的分配上。如果教师在工作中投入大量的时间与精力，那么他在家庭中投入的时间与精力就会不足，对家庭就无法尽到应有的义务，反之亦然。这种冲突会让人疲乏、易怒，自我认同感也会大大降低。

第三节　源自教师个体与职业发展的压力

一、源自人格特征的压力

不同的人有着不同的人格特征，而不同的人格特征也会使教师面临着不同程度上的压力。例如，有的教师性格较为内向、责任感强，对其他人来说微小的压力，往往会让他们陷入高度紧张的状态。

（一）A 型人格

A 型人格是由美国心脏病专家迈耶·弗里德曼（Meyer Friedman）与雷蒙德·罗森曼（Ray Rosenman）提出的。他们在对冠心病人的行为特点进行研究的过程中发现，这类病人都有着一些共同的特点，如雄心勃勃、醉心工作、缺乏耐心，容易产生实践紧迫感等，他们将这类人格称为 A 型人格，而与之相对的便是 B 型人格。拥有 A 型人格的人往往都会对自己有着较高的期望值，以顽强的意志驱使自己的各种行为，这也使他们在心理与生理上承担着较大的压力。

拥有 A 型人格的教师主要具备以下几点特征：其一，将事业上的成功与否作为自己人生价值的标准；其二，对自己的期望值较高；其三，为了实现目标，严格要求自己；其四，将每天的工作日程排满，想要在有限的时间内完成更多的工作；其五，很少进行放松，不愿将时间花在工作之外的事情上。

（二）自我意识与压力

研究表明，自我意识是刺激与压力之间的重要中介变量。自我意识中的自尊、自我控制以及自我效能感都会对个体压力产生重要影响。

1. 自尊与压力

很多研究成果都证实了自尊与压力之间存在着非常密切的关系。每个人都有被社会认可的需要，当个体所做的事无法得到社会认可时便会产生压力。一般而言，高自尊的人更容易受到被拒绝的伤害，也更容易产生压力。

教师就是高自尊的社会群体，他们在工作中会对自己抱有较高的期待，渴望实现自我价值。个体对自己所采取的某种行为对实现目标可能性的大小被称为自我期望值。自我期望值是个体产生压力的重要来源。在日常工作中，个体的自我期望值过高，在面对事件变化时就会缺乏心理准备，容易产生挫败感；自我期望值过低，在面对不良结果时便会产生自责心理，精神紧张。在面对不同的事件时，只有充分认识自身能力水平，有恰当的自我期望值，才能更好应对，避免因压力过大而影响自身发展。

现实生活中，有一部分教师目标远大，自我期望值过高，对自己的要求过于严格，所以他们时常感到压力很大。出现这种情况的根本原因在于他们未能对自己做出准确、全面的评价，导致自我判断失误，理想与现实产生冲突，从而产生焦虑、悲观的心理状态。对此，教师可以先通过自我评价、他人评价，以及填写评价测试表等方式对自己形成一个正确的认知，在此基础上，根据现阶段的自身能力水平制定分阶段、分层次的目标，以避免因目标过高、过远而产生心理落差。同时，当一个目标达成后，教师不仅能获得一定的成就感，还更有信心迈向下一个目标。

2. 自我控制与压力

自我控制实质上是一种信念，即个体认为能够改变环境中的那些会对其生活造成影响的事件的发生。个体与其自身命运的形成间存在着两种情况：自己是命运的主宰者，或者自己是命运的俘虏。前者认为自己的命运由自己掌控，拥有这种观点的人被称为"内控者"；后者认为是外部力量与机会决定了自己的命运，拥有这种观点的人被称为"外控者"。通常情况下，内控者可以直接处理工作与生活中遇到的各种问题，且为了实现更远的目标可以做到延迟满足；而外控者在遇到问题时往往会归因于运气、命运或他人。相较而言，外控者比内控者更容易产生压力。

除了有内、外之分，自我控制还有高低之分。自我控制感高的人比控制感低的人应对压力的能力更强，他们在遇到压力时，会采取制订并按部就班实现行动计划、寻求专业帮助等有效的应对策略。拥有较高自我控制感的教师认为自己能够掌控自己的人生而感到快乐与幸福，所以他们所产生的压力会低于自我控制感低的教师。

3. 自我效能感与压力

（1）教师的自我效能感。自我效能感是由阿尔伯特·班杜拉（Albert Bandura）于1977年提出的，它指个体对自己能否成功进行某一成就行为而进行的主观判断。决定教师自我效能感的先决条件主要包括：亲历的掌握性经验、情绪与生理状态、替代性经验、社会说服。[①]

1）亲历的掌握性经验。在几个条件中，亲身经历的掌握性经验对教师自我效能感的影响是最大的。教师在日常工作中的成功经验会提高其自我效能感；失败经验会降低其自我效能感。持续的成功经验会帮助教师建立稳定的自我效能感，且这种效能感能够泛化到其他相似情境中。

实践活动质量的高低，不仅受个体能力因素的影响，还会受到任务难度、外部帮助等非能力因素的影响，这要求教师在进行自我效能评价时充分考虑能力因素与非能力因素对自身行为成败的影响。如果任务较难，教师在完成任务过程中不需要付出过多的努力且没有过多的外部援助，便会产生较强的自我效能感；如果任务简单，教师在完成任务过程中付出了较大的努力且获得较多的外部援助，即便取得成功也无法增加自我效能感，如果失败反而还会降低自我效能感。

2）情绪与生理状态。教师在教育教学实践中所产生的情绪体验与生理唤醒会影响教师对自身教学胜任能力的认知。积极的情绪体验有利于教师正确认知自己的教学胜任能力，可以使教师对取得成功产生更大的信心。生理唤醒（包括呼吸加快、排汗增多等）对教师自我效能感的影响主要取决于教学情境以及教师自身的生理唤醒水平。中等程度的唤醒水平有利于教师集中精力，提高工作效率与自我效能感。程度较高或较低的唤醒水平则不利于教师心理机能的发挥，降低教师的自我效能感。

3）替代性经验。即教师在教育教学实践中通过观察他人教学、阅读相关文献获得的间接经验。这种经验对教师自我效能感的形成具有重要影响。观察那些成功教师的从教模式会影响教师对自身胜任能力的评估。例如，当教师看到那些与自己水平不相上下的人取得成功时，会觉得自己也能完成这项任务，自我效能感得到增强；而当他们失败时，教师也会觉得自己无法取得成功，从而导致自我效能感降低。

替代性经验主要通过两种认知过程来影响教师的自我效能感。其一，提供信息的过程。教师可以通过观察成功教师的表现来掌握解决问题的条件与

---

① 郭本禹，姜飞月. 自我效能理论及其应用 [M]. 上海：上海教育出版社，2008.

有效方法，提升自我效能感。其二，社会比较的过程。教师通过将自己与成功教师进行比较来评估自我效能。需要注意的是，影响教师观察学习的诸多要素也会对教师的自我效能感产生重要影响。

4）社会说服。社会说服可以为教师提供与教学性质相关的信息，使其掌握克服教学情境障碍的策略，并为教师的行为提供重要反馈。社会说服既可以是一般性的，也可以是具体的。虽然社会说服只通过言语说服的形式对教师产生影响，但它却能有效抵抗偶尔出现的困难给教师带来的消息影响，在一定程度上避免教师自我效能感的降低。社会说服给教师带来的影响主要取决于说服者的可依靠性、可信性。除了语言说服外，专业发展讨论会与课程论文也能为教师提供与教学任务相关的信息，为教师提供提升技能水平的策略与方法，但这些策略与方法只有在教师成功帮助学生加强学习的基础上才能对教师的教学胜任力的自我知觉产生积极影响。

对教师而言，自我效能感主要具备以下功能：其一，影响其活动中的情绪；其二，影响教师新行为的获得与习得行为的表现；其三，影响教师在困难面前的态度；其四，影响教师对活动的选择以及对该活动的坚持性。

（2）教师自我效能感与压力的关系。个体本身与情境因素是个体在压力情境中产生失败感与威胁感的重要因素，也就是说，压力的产生是环境与个体自身彼此作用形成的。个体的反应回馈与自我效能感不同，个体的压力感受自然不同。在同样的情境下，自我效能感低的个体比自我效能感高的个体更容易感受到压力。压力的评定并不是简单的有压力和无压力之分，个体压力感受不会消失，而是不断变化的。

通常情况下，自我效能感高的教师在面对压力时很少产生无助感。因为高水平的自我效能感可以促使其产生积极个人信念，降低压力带来的消极影响。在不断遭受失败的情况下，他们依然能够保持乐观的心态，积极抵抗。相反，自我效能感较低的教师在遇到挫折、失败时往往会更加脆弱。他们在看待事物时往往会抱有消极的看法，长此以往，他们会逐渐将对外部环境的消极感受转变为对自身应对环境能力的消极反应，使自我效能感降低，从而失去应对压力情境的勇气。

此外，自我效能感较低的教师对任务的变化有着更高的敏感度，而自我效能感高的教师对任务的变化不那么敏感。自我效能感高的教师能积极面对失败，并从失败中获得经验，从而更有信心面对接下来的各种挑战。自我效能感低的教师在面对挑战时缺乏足够的信心，容易受情境变化的影响，被情境所支配。同样是面对情境暗示，自我效能感高的教师可能更关注积极暗示，并对自己进行良好、稳定的评价；自我效能感低的教师会更关注消极暗示，对自己所取得的成绩保持消极态度，进行消极的自我评价，他们在情境中感受到的压力也比自我效能感高的人要大很多。

二、源自职业发展的压力

社会变革必然会引发个体职业性质与职业内涵的改变。教师要想在社会变革中获得良好的职业发展，一方面，需要在教学领域中进行持续探索与学习，不断提高自身各方面知识水平与能力，掌握先进的教学理念、教学方法，以学生学习与发展为中心，将最前沿的知识传授给学生，注重学生思维发展、能力提升；另一方面，需要在教育研究上下功夫，发扬开拓创新精神，在广泛汲取各方面知识经验的基础上推陈出新，进行改革实践，积累改革成果，推动教育教学创新发展。

资源守恒理论告诉人们，当个体的投入资源未能收获预期回报时，便会产生压力。教育研究也是如此。教育研究并不是一项只要付出就能收获同等回报的活动，因为研究过程中存在着太多不可控的因素。有时，教师付出了大量时间与精力却未能收获理想的成果，而这会使其产生压力与挫败感，对自己的职业发展失去信心。这种情况如果得不到及时疏导，就会对教师的职业发展产生极大的不良影响。

随着信息时代的到来，知识信息呈爆炸式发展，知识的生命周期不断缩短，人们获取知识的途径变得越来越丰富。教师想要跟上时代发展的步伐，在职业领域中获得良好的发展，就需要不断学习，不断获取与专业相关的知识信息，不断更新教育观念，不断提升自身能力。

此外，为了促进教育教学改革的不断深入，进一步落实现代教育理念，青年教师逐渐成为教育事业发展的主力军。与经验丰富的老教师相比，青年教师所承担的职业发展压力往往要更大。因为他们初入职场，无论是在教学方面，还是在教研方面，都需要不断学习、不断探索，且科研并不是一个付出与回报成正比的活动，所以，他们更应该保持高度的热情、付出更多的努力，深入研究专业领域知识，进而提高自己的教学、教研水平。

第四节　源自技术变革的压力

一、教师技术压力的概念

随着技术推动教育变革与发展，给教育教学带来诸多便利的同时，也给教师带来了一系列的挑战，而这些挑战也是导致教师压力的重要来源。教师技术压力属于技术压力范畴。技术压力指技术直接或间接地对人的态度、想法、行为和心理造成的任何消极的影响。[①] 而教师技术压力指教师在教育教学过程中，因技术复杂、技术负荷以及技术不确定等因素导致教师工作量增加，使教师无法应对技术环境中的问题而对教师的生理、心理产生消极影响的作用过程。[②]

二、教师产生技术压力的原因

（一）原始的技术恐惧

技术恐惧一词源自希腊语中"技术"与"恐惧"的结合，既指对技术的恐惧，也指对科学以及一般变化的恐惧。一般而言，新技术都是由前沿性、高科技的产物构成的，大部分人很难理解新技术的功能与应用，再加上新技术的出现会给人们之前的生活习惯、思维状态带来较大的冲击，因此，很多人在新技术面前显得无所适从。原始的技术恐惧是普遍存在于社会各个领域中的一种现象，教育领域也是如此。且技术在与教育领域融合，促进教育发展的过程，已经出现过给相关教育人员带来压力的情况。例如，当文字作为新技术出现时，就对传统的口耳相传的教学模式带来了巨大挑战，还一度被人们误认为会损害人们的记忆，使人产生错误的智慧。事实上，新技术在教育领域的应用不仅能提高教学质量，还能推动教育领域的进一步发展。

历史上任何一项技术的诞生与应用都会经历被大众排斥的过程。进入 21

---

① 王刊良，舒琴，屠强. 我国企业员工的计算机技术压力研究 [J]. 管理评论，2005（7）：44–51+64.
② 吴潼. 信息技术教育应用背景下小学教师技术压力问题研究 [D]. 沈阳师范大学硕士学位论文，2023.

世纪后，新技术往往是在前代技术尚未被教师完全掌握的情况下，就被引入教育领域，但为了迎合大众对技术的认知潮流，教师在接受、使用新技术时就必须更加积极且谨慎，长此以往，教师就会产生一定的技术压力。

（二）技术与教育融合过程或推进方式不当

将先进的信息技术与教育系统相融合是实现我国教育高质量发展的时代要求，这一过程主要包括四个重要阶段：起步、应用、融合以及创新。想要实现信息技术与教育系统的融合创新，需要以政策为指导，以"应用驱动"为基本原则。在具体实施过程中需要注意以下问题：其一，国家出台相关政策，为技术与教育领域的创新融合提供保障；其二，在技术发展成熟的基础上，充分激发教育领域的变革动力，并制订出将技术应用于教育系统的详细方案；其三，技术与教育的融合不能简单将技术移植到教育领域中，而应充分考虑教育系统的复杂性。在技术与教育的融合过程中，如果无法做到以上几点，一味地将技术与教育融合的难题交给教师，必然会给教师带来较大的技术压力。

（三）教师自身的认知偏差与素养不足

与各类标准、规则进行比较是个体实现自我认知的主要方式。在日常生活中，人们通常倾向于向上比较，即与能力较强、水平较高的人进行比较。教师群体也是如此。在技术掌握方面，教师往往会与那些熟练掌握技术的教师进行比较，进而获得自身差距认知。但事实上，这种差距认知是不准确的，因为被比较者的水平不能代表标准水平，这样一来，会导致教师对自身技术掌握水平的认知产生偏差，从而产生某种程度上的压力。

除了自身的认知偏差外，素养不足也是导致教师产生压力的重要因素。技术素养是信息时代教师所应具备的专业素养之一。教师的技术素养是支撑教师在信息时代专业发展与教学实践的态度、知识、能力以及伦理等方面的集合。任何一种技术都对它的使用者提出了一定的可行性能力要求，这种要求主要包括内在使用与外在使用两个层面。从内在使用的层面看，技术智商与技术情商较高的教师往往能更好地掌握并将技术应用到教学实践中，但事实上，很多教师经过一段时间的学习后很难实现对技术的熟练操作；从外在使用层面看，教师使用技术的机会有限，且缺乏将技术直接应用到教学实践的策略，这影响了教师技术应用水平的提升。在内在使用层面与外在使用层面的双重作用下，教师容易产生技术压力。

三、技术压力对教师的影响

（一）积极影响

1. 提高教师工作绩效

在技术与教育领域融合的过程中，人们的关注重点长期放在技术能否提高教学效果上，而对技术能否提高教师绩效则较少关注。虽然与之相关的研究不多，但仍然可以得出这样的结论：技术压力能够在一定程度上提高教师的工作绩效。适度的技术压力可以激发教师掌握技术、提升自身技术水平的欲望，而在技术的支持下教师可以通过教学创新有效来提高工作绩效。一方面，技术本身具有提高教师工作绩效的潜能。现代信息技术的应用可以为教师教学提供更大的便利，使教师将更多的时间与精力投入到教学中，而工作上投入程度的提升无疑会对教师的工作绩效产生积极影响。另一方面，技术支持下的教学创新行为属于个体主动行为。个体主动行为指个体主动、自发地创新、改善环境，对环境提出挑战，这种行为对教师的工作绩效起到积极的影响作用。教师利用现代信息技术进行教学创新的过程，实际上是向教学环境发出挑战，适应信息化教学环境的过程，这一过程可以有效提高教师的工作绩效。

2. 有利于教师进行教学创新

新技术的出现给传统教学模式带来了巨大冲击，为了迎合社会对教育的需求，教师需要对原有的教学方式与教学手段进行革新，从而不断提高学生的学习体验与教学效果。例如，教师在教学过程中，可以巧妙利用动画、视频等多媒体教学资源将抽象的理论知识变得更加形象与直观，帮助学生更好地理解、掌握知识，提高教学效果。

（二）消极影响

1. 影响教师的身心发展

信息时代的到来使得信息技术能力逐渐成为衡定教师专业发展水平的重要标准。虽然技术赋能的教学创新行为能够有效提升教师的工作绩效，但在技术与教育领域融合初期，尚未形成普遍性、规模性现象的情况下，仍然会给教师原本的教育观念、教育行为以及教学方法等造成较大的冲击，使教师产生技术压力。

　　长期处于高度的技术压力下，会给教师的身体、心理方面带来不良影响。事实证明，教师感受到的压力越大，其焦虑感、抑郁感越强，如果压力得不到及时的缓解，容易出现失眠、高血压等情况。因此，教师必须正视技术压力，在压力较大时采取积极的应对策略。

　　2. 增加教师的工作负荷

　　新技术的出现必然需要教师耗费一定的时间与精力去熟悉、掌握，其中包括了解技术的基本操作、将技术应用于教学的具体方法等。这要求教师在完成备课、教学、学生辅导、作业批改等任务的同时，利用业余时间进行技术培训与自我学习，而这无疑加重了教师的工作负荷。

第八章　教师压力管理的对策

压力管理指通过一系列方法和策略管理并减轻个体在生活或工作中面临的压力，以达到保持高效生产力和良好心态的目的，同时减少压力带来的负面影响，如健康问题、职业倦怠等。压力管理对于改善教师的身心健康、工作效率和生活质量具有重要意义。然而，当代教师的压力管理是个综合性的过程，需要社会、学校、个人的共同努力，以及高速发展的技术提供支持，只有多方发力才能有效助力教师压力管理。

第一节　社会支持系统中的对策

一、教育行政部门发挥政策引导作用，提高教师工作幸福感

教育行政部门作为政府主要负责管理教育的重要部门，主要工作内容包括制定教育工作方针和政策。为了缓解教师这一群体的工作压力和负担，使教师全身心投入教育工作中，教育行政部门可以从以下几点入手：

（一）制定合理的教师薪资福利政策

压力不仅是影响教师的工作动机、心理健康水平的直接或间接因素，还影响着学生的全面发展，甚至是影响整个社会的重要因素。因此，教育行政部门有必要重视减轻教师的压力，致力于教师工作幸福感的提升。[①] 教师的薪资福利满意度与教师工作幸福感间存在着正相关关系，教师幸福感与教师压力之间存在着负相关关系，因此，提高教师的薪资福利满意度，有助于提高教师的工作幸福感，进而有助于缓解教师的压力。而教师薪资福利满意度

---

① 丁依. 江西省中小学教师职业压力、心理弹性与社会支持的关系研究 [D]. 南昌大学硕士学位论文，2022.

的提升来源于合理的教师薪资福利政策。合理的教师薪资福利政策对于教师而言意义重大，第一，合理的薪资福利政策对于优秀教师来说具有较强的吸引力。在高速发展的现代社会，教师肩负着重要的育人使命，还承担着一定的工作压力，如果缺乏与之相匹配的合理的薪资和福利支持，可能会导致一些优秀教师离开教育行业，造成教师资源的流失，最后会在一定程度上对教育质量产生影响。第二，合理的薪资福利政策对于教师来说可以激励其在工作中始终保持积极性。在教育工作中，如果教师可以深刻感受到自己的付出得到了充分的认可与回报，就会有更多的动力和信心来提升自己的教学水平，为课程和教学方法的设计预留出充足的时间，这不仅有助于提高学生的学习效果，还可以创设出积极健康的学校氛围。

因此，各地各级教育行政部门应该制定并完善教师薪资福利待遇政策，为教师幸福感的提升提供法律保障，从而有效缓解教师的工作压力。具体来说，在制定教师薪资福利政策的过程中，教育行政部门应该充分考虑多个因素，从实际情况出发，确保政策的公平性、合理性。首先，以市场调研为基础，根据调研结果，对不同地区、不同学校的教师情况进行了解，包括生活成本、工作压力以及教学需求保证薪资水平可以有效反映教师面临的现实挑战。其次，教育行政部门应该关注教师的职业发展和培训需求，为教师创造更多的进修机会、职业发展福利，促进教师职业生涯的进步与发展。再次，由于教师的教龄不同，所以薪资福利政策应该具有差异化特点，确保不同教龄教师的薪资和职业发展都能有所保障。最后，教育行政部门应该定期更新和调整薪资福利政策，保证该政策能够满足教师的需求。在综合考虑以上几点因素之后，教育行政部门所制定的薪资福利政策具有公平性和激励性，在增强教师职业满意度、缓解教师工作压力的同时，从整体上提升教育质量。

（二）建立科学的教师职业压力测评机制

当前阶段，在测量教师职业压力的过程中，更多的是根据陈式量表的得分情况来了解教师所承受的职业压力。陈式量表这一测量方法具有较高的效率，可以在短时间内快速完成对大量测量数据的收集，且所收集的数据易于统计与分析。但这类量表也存在一定的缺陷，如指导性不高、灵活性有限以及深入性不足。此外，由于不同学段、不同学科的教师工作内容有所不同，如果采用统一的职业压力量表，则难以保证测量结果的有效性、科学性。为了解决以上问题，有必要建立科学的教师职业压力测评机制。对此，建议各地教育行政部门立足于当地实际情况，针对不同学段、不同学科的教师，量身定制多样化的职业压力测评方式，为每位教师都建立个人职业压力档案，定期评估教师职业压力水平，形成常态化教师职业压力监测机制。根据测评结果，实施教师职业压力的分层管理。要重点关注职业压力水平较高的教师，采取针对性、个性化的压力干预措施，对于职业压力水平较低的教师可以采取团体辅导等方式帮助教师管理压力，致力于教师工作幸福感的提升。

（三）重视教师心理健康，促进教师心理健康发展

教师心理健康是影响学生心理健康的重要因素，也是影响教育质量的重要因素。教育行政部门应该密切关注教师的心理健康，促进教师心理健康发展。[①] 第一，教育行政部门可以建立健全教师心理健康支持体系，定期组织教师参加心理健康检查和评估，及时发现教师所存在的心理问题，并第一时间采取干预策略。第二，教育行政部门应该设立专门的心理咨询、心理辅导机构，为教师提供一对一的心理辅导服务，了解教师的工作压力和生活困扰，并为教师提供正确的引导与帮助。第三，教育行政部门可以鼓励、支持、引导学校构建心理健康教育和培训机制，帮助教师学习和掌握多种心理调适技巧、压力应对方法，从而不断提升教师的心理承受能力和心理韧性。同时，教育行政部门应鼓励学校设立教师心理健康休假制度，在教师承受过重心理负担的时候，允许教师申请短期休假，为教师提供调整身心的时间。第四，教育行政部门可以积极推广与宣传健康的生活方式及工作平衡理念，加强对教师的积极引导，使教师在很好地完成教学工作任务的同时，保持身心健康。通过以上措施，教育行政部门应更加关心教师的心理健康，在提高教师工作效率的同时，促进教师职业幸福感的提升，为教育质量的改善奠定基础。

二、介入社会工作，缓解教师压力

社会工作是一项助人自助的工作，即通过帮助服务对象，让服务对象可以自己帮助自己。社会工作不仅具有独特的专业价值，还有着丰富的服务角

---

① 汤莉莉.高中教师职业压力及其管理研究[D].南京航空航天大学硕士学位论文，2020.

色，对于教师压力的缓解有非常重要的作用。

（一）个案工作

个案工作是一种重要的社会工作的工作方法，指采用一对一的方式，应用社会工作专业的理论和技巧，为服务对象提供帮助，充分挖掘服务对象自身和周边的资源，使服务对象更好地适应所处环境，恢复、增强服务对象的社会功能。针对教师压力这一问题，社会工作者应该与教师间构建相互信任的关系，通过安慰、倾听以及鼓励等沟通技巧，使教师倾诉教学、科研等工作中所遭遇的委屈和不愉快，通过若干次的一对一面谈的方式，让教师尽情释放内心积聚的压力。[①]

个案工作的实施可以从以下几个方面入手：第一，社会工作者可以按照教师的需求和期望目标，为每一位教师都制订一份针对性的服务计划。在个案服务过程中，社会工作者应该全面了解教师所面临的压力，以及压力的变化过程，及时做出回应，并提出切合实际、有参考价值的建议，为教师解决压力所引发的各种问题提供帮助。第二，社会工作者要加强对资源的挖掘与关联，为教师深入开发身边资源提供帮助，例如，从同事、朋友、家人、心理咨询师等入手，构建出一张社会支持网络，从不同角度为教师及时提供情感上的支持，促使教师可以更加积极地应对困难，缓解所承受的压力。第三，社会工作者应该严格遵循专业伦理和价值观，充分尊重服务对象，从内心深处包容和接纳服务对象，坚持服务对象自决原则，不泄露服务对象的隐私，贯彻落实以人为本的理念，充分体现社会工作的专业性。

（二）小组工作

所谓小组工作，指以具有相同问题或共同需求的群体为对象，通过社会工作者的科学策划与有序组织，以小组为单位，组员在小组活动中进行互动与经验分享，进一步优化组员的社会功能，从而预防和解决特定问题。社会工作者可以按照教师的问题或需求，将类似需求或问题的教师组建到同一个小组中，其中，帮助教师缓解压力、提升教师压力能力的小组即为支持小组。支持小组的主要任务是为组员应对压力源提供有效、及时的帮助，同时恢复和提升每位组员应对压力的能力。顾名思义，支持小组的主要特征是组员之

---

① 毛独浩. 高校教师压力大，社会工作来帮忙 [J]. 人力资源，2024（4）：32–34.

间相互帮助与支持，通过交流共享的方式，建立相互促进的良好关系，寻找有效压力应对方法，共同面对压力、缓解压力。

在小组工作中，社会工作者的主要任务在于对组员进行引导，创造有利机会促使组员积极讨论与分享，鼓励组员诉说与宣泄自己的压力，共同解决存在的问题。社会工作者应该注重为小组活动构建轻松、和谐的氛围，认真倾听并恰当表达，充分体现出对组员的理解与包容，给予组员成功应对压力的信心。社会工作者应该根据每位教师的实际情况，包括生理、心理、情绪、社会关系以及文化背景等因素，精心设计针对性的小组活动，使每位教师都能从中获益。除此之外，在小组活动初期、活动结束时，社会工作者应该对每位组员展开全方位的评估，分析每位组员压力的变化发展趋势，及时总结宝贵经验，为后续类似的小组服务提供改进参考，从而不断提升服务质量。

（三）社区工作

社区工作指将学校视为一个社区，借助学校的力量，充分利用学校内外部资源，帮助教师缓解压力。社会工作者可以与学校联合起来，针对教师建立心理咨询服务中心，开设心理服务热线等，建立健全心理健康服务体系，帮助教师缓解所承受的压力，提高教师对压力的自我调节能力。社会工作者还可与学校工会组织、人事部门联合起来，以帮助教师缓解压力为目的，共同策划与组织一系列活动，使教师在教学、科研之余，深刻感受到来自学校和社会人士的关怀。这类活动的开展，不仅可以从不同程度上缓解各位教师的压力，还能营造出和谐、友好的学校氛围，增强教师的归属感、安全感，为教师职业压力的缓解创造有利条件。此外，社会工作者还应构建良好的沟通机制，如构建对话机制，为学校与教师之间的相互了解提供有效的沟通渠道，满足教师反映自身需求的现实需求，同时可以采取对话协商的方式解决部分问题，从而缓解教师的压力。由于社区工作的服务内容丰富、种类多样，所以，社会工作应该意识到不同学校之间存在着显著的差异性，要充分挖掘与运用现有资源，根据学校教师的实际需求，以缓解教师压力为出发点和落脚点，为学校教师提供具有针对性的社区工作服务。

（四）政策倡导

政策倡导是社会工作在宏观层面提供的服务。政策倡导指社会工作者通过了解服务群体的需求和问题，将其整理成政策建议，并反映给学校相关部门，从而进一步优化相关政策制度，充分维护服务群体权益。社会工作者应该充分利用自身的专业优势，采取科学、适合的社会学的方法，全面调研学校的管理制度、教师评价体系等，制作清晰明了的调研报告，对其中的优势与不足进行评估。与此同时，社会工作者可以通过调查问卷、面对面交谈等方式，收集教师关于学校管理、教师评价等方面的建议，经过整理汇总，制定出政策制度建议，并通过合理的渠道，及时反馈给学校有关部门，以引起重视，从而自上而下进一步优化学校的政策制度。例如，在学校管理制度层面，营造自由、民主、和谐、温暖、以人为本的管理环境，促使教师保持积极、乐观的工作态度，充满热情地参与教学、科研等工作；在教师评价体系层面，坚持发展性、科学性原则，构建综合性、全面性的科学评价体系，为教师职业发展提供更多宝贵的机会，充分发挥评价体系的导向、激励作用，从而达到缓解教师压力的目的。

另外，社会工作者还从社会、法律角度入手进行倡导，结合实际情况整理出有建设性的意见并反映给政府有关部门，呼吁社会各界充分理解与大力支持教师的工作，营造尊师重道的社会氛围，为教师生活和工作提供和谐友好的社会环境；倡导充分利用现有法律规范，维护教师的合法权益。需要注意的是，政策倡导并非一蹴而就，而是一个长期的过程，要想充分发挥其应有作用，需要与其他服务有机结合在一起。

三、教师家属的关心和支持

家庭对于任何人来说都是至关重要的，教师也不例外，它不仅是教师的栖息地，还是教师心灵上的港湾。无数生活经验告诉我们，和谐家庭是事业成功的基石。[①] 根据心理社会发展理论可知，人生的每个阶段都存在着各种各样的"矛盾"，任何一个阶段的"矛盾"如果处理不当，都将对余生的幸福感产生十分深远的影响。教师这一群体规模庞大，很多教师已经处于已婚状态，不仅要处理好家庭问题，还要解决事业上的难题，面对着处理好家庭和事业

---

① 谢清彬，邓远平.中学教师工作—家庭冲突对其教学效能感的影响：道德情感的中介作用 [J].成都师范学院学报，2024，40（4）：96–104.

这一对矛盾的挑战。家庭和事业并非对立关系，两者存在着相互依存、相互促进的关系。实际上，和睦友好的家庭关系，对于教师工作幸福感的提升具有积极的促进作用，有助于缓解教师的工作压力。如果教师无法获得来自家庭的支持，其健全人格的形成将会受到影响，进而影响其工作幸福感。因此，教师家属应关心和支持教师，密切关注教师的身体、心理发展情况，理解、鼓励教师，了解教师面临的工作挑战，为教师出谋划策，帮助教师排忧解难，引导教师以饱满的热情、积极的心态、高度的责任心面对工作中的挑战，促进教师身心健康发展。

四、学生家长理解教师工作，积极参与家校合作

学生家长是教师压力的来源之一，家长的期待、家长与教师的沟通等都会影响教师的压力。学生的健康成长需要家长与教师的密切配合。虽然教师是承担教育教学任务的专门人员，但育人工作从来不是教师一个人的事情，家庭教育对于学生的学习与成长也是不可或缺的。教师的压力是影响学生学习与成长的重要因素，所以，为了缓解教师压力，家长要充分理解教师工作，积极参与到家校合作工作中，避免加剧教师的压力。从家长角度看，需要做到以下几点。

（一）树立科学的教育观念，主动与教师建立共识

简单来说，共识即共同的认识。对于家长和教师来说，共识是他们建立信任的基础和前提，当两者之间可以达成共识，且具备相同的教育理念时，就可以在日常交往过程中产生共鸣，在此基础上，家长会更加认同教师的做法，对于教师的教学工作给予高度的肯定，逐渐形成对教师的信任。为此，家长应该树立科学的教育观念，与教师形成共识。[1]

首先，家长要勇于革故鼎新，利用闲暇时间主动了解和学习新的、科学的教育理念，并及时更新自身的教育理念。一方面，学校通常会组织各种各样的家庭教育讲座，家长应该抓住机会，积极报名参加，学习与时俱进的教育理念；另一方面，家长要善于与教师进行沟通，了解教师教学工作的各方面内容，包括教育理念、教学方法等，主动与教师建立共识。

---

[1] 曾彬，雷和敏．新时代家长教育素养及提升策略研究 [J]．教育与教学研究，2024，38（6）：104–118.

其次，在家庭教育中，家长要善于反思，根据孩子当下的性格特征，采取适合的教育方法，满足孩子自身发展的需要。

最后，家长要注重培养孩子的受挫能力，现代家庭以独生子女居多，孩子在家庭中可谓是集万千宠爱于一身，过分的宠爱不利于孩子受挫能力的培养。所以，家长有必要锻炼孩子的受挫能力，可以让孩子参加劳动，磨炼身体、意志，让孩子接受教师的正确批评、与同学之间的摩擦。

（二）肯定教师的辛勤付出，积极配合教师的工作

家长不仅是教师的合作伙伴，还是教师工作效果的直接评价者。如果家长可以尊重、肯定教师，不仅体现了家长对教师辛勤付出的认可，还反映了教师工作效果良好，这也会给予教师更多工作的自信和积极性。因此，家长要善于肯定教师的辛勤付出，全力支持配合教师工作，避免给教师工作添麻烦，为教师压力的缓解助力。为此，家长可以从以下几个方面入手：

第一，家长应该对教师工作性质形成全方位了解，坚持实事求是的态度，充分尊重教师的劳动成果。教师的付出体现在多个方面，除了学生学习，还包括班级管理等，如果单纯以学生学习成绩为标准而衡量教师，是一种比较片面的评价方式，这就需要家长全方位了解教师的工作性质，以对教师进行全面评价，确保评价的合理性。

第二，家长要全力支持教师。在正式参加教学工作之前，教师通常都会参加系统性的学习与培训，具备坚实的专业知识和技能基础，且对学生身心发展规律有一定的了解。因此，家长要相信教师，积极配合教师工作，为学生全面发展添砖加瓦。

第三，家长要尊重教师，给孩子树立榜样。在日常生活中，如果家长毫无顾忌地议论孩子的教师，不仅不利于家长与教师之间建立良好的人际关系，还会影响到教师在孩子心目中的形象，孩子可能会因此对教师产生抵触、排斥情绪，进而影响到孩子的学习态度、完成作业情况。因此，家长要充分尊重教师，充分发挥榜样作用，引导孩子尊重教师，端正孩子学习态度，让孩子因为一个教师而爱上一门学科。

（三）家长学会自我调适，形成积极乐观心态

乐观是影响信任的决定性因素。面对孩子的学习与成长这件事，家长应该学会自我调适，时时刻刻保持乐观的心态，顺其自然，尊重孩子的个性发

展，这不仅有助于孩子的健康发展，还有助于增强家长对教师的信任。

首先，教师要对孩子保持合理的期待。不同孩子之间存在着差异，每个孩子都有适合自己的最近发展区，家长切不可给孩子制定不切实际的目标，因为这样很容易增加孩子的学习压力，进而不利于培养孩子的自信心。因此，家长不应该过度关注孩子的学习，还应该关注孩子的日常表现，发现孩子的优势和长处，为孩子制定合适的目标，培养孩子的自信心，促进孩子的身心健康发展。

其次，家长应该客观认识自己的孩子，接纳孩子的不完美。每个父母都希望自己的孩子是完美、人见人爱的小孩。但每个小孩是不一样的，他们有自己的优点，有自己的缺点，现代社会对人才的要求呈现出多样化特点，家长要客观认识自己的孩子，帮助孩子找到适合发展的方向，促进孩子成长成才。

最后，对待孩子的进步，家长要正确看待孩子的不足，理性归因。孩子的每一次进步都是有原因的，家长要了解和分析其背后的原因。家长不能将进步或退步完全归因于教师，而是要辩证看待，避免给教师增加压力。

五、社会外界对教师的合理期望和评价

提及教师这一职业，应该是人人熟知的职业，但也有可能是每个人都陌生的职业。由于教师职业的特殊性，从古至今，教师一直是广受关注的职业，在古代，教师被赋予了很高的社会地位。此外，"程门立雪"和"子贡尊师"等典故也印证了这一点。在知识爆炸的时代，教师仍然承担着"传道授业解惑"的重要责任。社会对于教师的期望与评价应当合理、公正，教师是教育的中流砥柱，肩负着培育下一代的重要任务，这使得他们不得不面对社会各界的关注与评价。[①] 倘若社会对教师的期望过高，或者缺乏公正的评价，很可能会给教师带来心理压力。如果社会对教师的期待合理，评价也能保持公正，则有助于为教师维护良好的工作环境，避免给教师带来过重的心理压力。因此，社会外界应该充分考虑到教育资源、教师工作环境以及学生多样性等因素，对教师给予合理的期望评价，促使教师更好地完善自我，履行自己的教

---

① 刘利敏 . 高校教师心理健康素质发展研究 [J]. 文化创新比较研究，2021，5（2）：10—12.

育职责，从而助力学生的全面发展。

六、社会媒体规范舆论导向，正面宣传教师形象

（一）培育舆论引导主体，发挥积极的社会影响

当前阶段，社交媒体平台不断涌现，新型媒体的社会影响力不断扩大。社会外界对教师的评价、家长与教师之间的信任，与社会媒体的报道息息相关。因此，社会媒体应加强舆论引导，充分发挥积极的社会影响，避免群众对教师产生片面解读，增强家长与教师的信任。

首先，充分利用新兴媒体，发挥新兴媒体的影响力，引导家长正确看待教师这一群体，帮助家长与教师之间建立良好的人际关系。

其次，通过教育舆论引导家长。无论是教育行政部门还是各大学校，都可以建立官方新媒体账号，定期更新教育案例，大力宣传科学的教育理念，通过问卷调查、评论区等方式获取家长迫切关心的问题，并做出及时的解答，帮助社会外界了解教师工作，重塑家长对教师的信任。

（二）加大监管媒体力度，正面宣传教师形象

社会各界能否理解与尊重教师这一职业，决定着国家教育的发展。因此，为了促进我国教育的高质量发展，有必要加大对教师形象的正面宣传力度。社会媒体在监督教师的同时，应该积极宣扬优秀教师的人物事迹，塑造社会各界对教师形象的认知。因此，政府应该进一步监管社会媒体，加强对教师形象的正面宣传。

首先，教育行政部门要坚持正确的舆论导向，把好教育新闻的质量关口，充分发挥社会媒体的作用，弘扬尊师重教的社会风尚，促使全社会尊师重教的氛围越来越浓。同时，强化社会群众的尊师教育，通过短视频等新媒体方式，弘扬教师正能量。

其次，教育行政部门可以与社会媒体联合，参与到教师正面形象的宣传工作中，有效落实此项工作。

最后，各地政府和宣传部门可以结合实际需要，最大程度上利用当地资源，开展内容丰富、形式多样的尊师活动，大力弘扬尊师文化，帮助社会群众了解教师工作，积极引导社会群众感恩教师的无私奉献，形成尊重教师、理解教师、支持教师、关心教师的良好社会风尚。

第二节　学校系统中的对策

一、营造良好校内组织气氛，增强教师的联结感

学校是教师工作的主要场所，所以，对于教师而言，领导和同事的关心与帮助是学校支持的主要来源之一。要想使教师获得强有力的学校支持，学校需要营造良好的组织气氛，缓解教师的工作压力，提高教师的主观幸福感，从而增强教师对学校组织的感情依附。

校长作为学校的核心领导，在良好组织氛围的营造方面起着决定性作用，校长支持行为不仅能缓解教师的工作压力，还有助于增强教师的工作幸福感。因此，学校领导者尤其是校长需要充分认可、鼓励、支持教师的工作，根据教师的类型，提供相应的支持策略。例如，对于新手教师，考虑到这类教师教学经验有待进一步完善，可能尚未完全适应工作，学校领导者应该善于发现新手教师的闪光点，给予恰当的肯定，引导他们树立工作的自信，为他们分配经验丰富的资深教师作为"师傅"。这样一来，既能提升新手教师的教学效能感，又能帮助新手教师快速适应教学工作，缓解入职压力，使新手教师快速找到身为人师的愉悦感。对于即将退休的教师，考虑到这类教师有着较大的教龄，学校领导者可以侧重于鼓励这类教师终身学习，追求自我突破，与时俱进，学习先进的知识和教学方法。对于有突发情况或生病的教师，学校领导层应该及时给予人文关怀，帮助这些教师渡过人生难关。

此外，学校应该引导同事之间互相尊重、互相帮助，组建教师成长共同体，形成良好的人际关系，引导教师之间进行沟通与交流，进行研讨会、评课和集体备课等。教师之间的良性互动，有助于缓解教师的工作压力。

二、改革教师评价体系，促进教师个体发展

教师评价结果反映了教师的教学质量和人格魅力，是影响教师压力和成就感的重要因素。为了缓解教师压力，增强教师工作的成就感，学校应该改革教师评价体系，促进教师个体发展，使教师更加胜任当下工作，从而缓解教师工作压力。

（一）构建教师发展性评价理念

理念是评价的导向和基础。教师评价体系的构建需要遵循科学的评价理念，它对于评价的标准、内容、方式起着决定性作用。因此，教师评价体系需要以发展性评价理念为指导，从而完善评价指标、评价方法，致力于教师的全面个性发展。

首先，在教师管理方面，应该遵循科学的评价目的。教师评价体系的构建主要目的在于教师的发展，在教师发展的前提下，教育质量才能得以提升。

其次，充分发挥评价的激励与调节功能。教师评价体系的运行应该充分尊重教师劳动成果，如对于评价内容的设置，主要内容是岗位职责的完成情况；对于评价方式的选择，可以采取年度考核和聘期考核相结合的方式。

最后，评价方式的选择要体现多样化特点。多样化的评价方式有助于提高教师评价的灵活性，调动教师工作的积极性。例如，在职称评审过程中，可以采取分类评价的方式，根据教师工作性质的不同，可进一步细分为三种不同类型，分别是教学科研型、教学型以及教学服务型，并制定差异化的评价标准和方式。

（二）科学设计评价指标

对于教师评价指标的确定，应从学校特点出发，同时全面考虑教师的实际情况。[①] 教师评价指标的设计，应该由不同层级指标组成指标体系，最后一级指标是具有可操作性、具体性的评价标准。对于指标体系的分解，应该根据学校发展目标、教师专业标准以及教师岗位与发展阶段进行，保证每个指标都具有较强的针对性。而且，每一级指标都应该按照重要程度设置相应的权重，保证指标体系的科学性。在教师评价指标设计的过程中，应该着眼于学校和教师发展的重点，不仅要关注教师工作的量，还要反映教师工作的质。具体如下：量的指标体现在教师的任教班级数量、是否双肩挑、周课时、课程门类、是否积极参与学校活动、额外加班等方面；质的指标体现在教师个人的专业发展（包括专业知识、专业能力、专业情感与师德）、课堂教学质量、教育教学效果等方面。

① 叶章娟. 完善考核评价体系　激发教师队伍活力 [J]. 科教导刊，2024（13）：97-99.

（三）评价的管理性功能与发展性功能相结合

学校在开展管理性评价时，也不能忽视发展性评价，以确保评价结果的科学性，促进每位教师的成长。学校应该采取科学方法（如360°反馈、课堂观察、同行评审）对教师工作表现进行诊断，精准识别出教师在工作中表现出的优势与不足，形成全体教师和每位教师的评价报告。学校应该第一时间将评价结果反馈给每位教师，让教师按照反馈结果寻找原因，并制定针对性的改进措施。将评价的管理性功能与发展性功能相结合，有助于促进教师的专业发展，提高教师工作的胜任力，进一步提升教育质量。

（四）终结性评价与过程性评价相结合

终结性评价反映了教师在一段时间内的教学效果，便于学校进行决策。但终结性评价的弊端比较明显，它通常只关注结果，忽略教师在教学过程中所付出的努力。而过程性评价更加关注教师在教学过程中的表现，有助于评价结果的公平性。因此，学校有必要有机结合终结性评价和过程性评价，以全面了解教师的教学表现。学校可以在政策指引下，根据课程标准、学情、师情及校情，吸收借鉴先进经验形成适合本校实际的教师评价标准。此外，学校要注重对评价结果的使用。每学年进行教师教学评价后，评价专家委员会应将评价意见以文件形式公示，对于部分教师，还应专门与其进行沟通交流，督促其改进。

（五）加强学校治理体系建设，优化教师评价制度

教师评价的有效实施离不开治理体系的保障作用。学校应该不断提升自身的治理能力，构建多元主体参与的多元治理体系，包括领导干部、同事、学生以及家长等主体，不断优化教师评价制度，促进教师评价的有效实施。为了保证评价秩序的公平性，可以从公开、参与、沟通、申诉等角度入手，不断优化教师评价机制。在公开层面，学校应该将上级的评价政策文本和本校的评价方案向全体教师公布，并在评价结束后告知评价结果。在参与层面，学校要保障每一位教师在评价过程中的参与权，提前向教师发放评价方案初稿，让其了解情况并向教师代表提出意见和建议。在沟通层面，学校领导干部要在评价方案的制订和实施中经常与教师沟通，广泛倾听不同群体的声音，及时回答教师的疑问。在申诉层面，学校要保障教师申诉的权利，建立专门的申诉机构并畅通申诉渠道，对教师提出的评价相关问题做出耐心、细致、

令教师满意的答复。

三、打造名师工作室，增强青年教师主观幸福感

名师工作室是一个通过名师引领、团队合作、共同提高、资源共享和均衡互补的方式，致力于教师专业成长与发展的组织，有助于缓解教师的压力。[①]青年教师作为教师群体的生力军，其主观幸福感是影响未来教育质量的重要因素。因此，学校要重视增强年轻教师的主观幸福感，可以通过打造名师工作室的方式，帮助年轻教师更快地适应教师角色，积极主动地投入工作中，以缓解年轻教师的压力。

（一）科学规划研修活动，落实成员本位

1. 活动内容：关照成员差异

在设计名师工作室研修活动内容时，应该注意以下两点，从而促进团队共同愿景的实现。

第一，根据青年教师的专业发展需求，设计层次化、差异化的主题活动内容。在名师工作室的青年教师中，他们有着不同的知识基础，非专业出身的教师占有一定比例，针对这类教师，可以增加相关的理论培训，帮助他们学习教育学、心理学以及学科教学等方面的知识；针对入职期的青年教师，考虑到他们缺乏足够的教学经验，重点以观摩学习为主，帮助他们学习和掌握更多的学习方法；对于有科研学习需求的青年教师，可以为他们提供更多的研讨与实践调研机会，从而提升他们的学习和成长速度。名师工作室需要充分考虑青年教师的实际需求，根据他们的学习动机和心理活动规律，为他们提供差异化的指导和帮助，促使教师从"教学"定位向"教学一研究"角色转换，为教师潜力的开发和创新精神的发展提供空间。

第二，通过轮换的方式，赋予每位成员教师一定的决策资格。通常，名师工作室活动的开展，活动主题通常由主持人提出，成员教师按照相关规定按时参加，研修内容的确定具有自上而下的特点，长此以往容易出现内容僵化等问题。虽然成员教师无论是在学历方面还是教学能力方面都存在一定差

---

① 易娟，刘才志. 名师工作室引领下的"双师型"教师成长路径与效能研究 [J]. 佳木斯职业学院学报，2024，40（6）：212-214.

距，但他们都围绕实现共同愿景这一目标而努力奋斗。因此，名师工作室可以下放决策资格，赋予成员教师决策权，通过轮换的方式，鼓励成员教师轮流担任负责研修活动的组织策划工作，这样既能丰富研修活动的内容，形成富有创意的研修活动方案，还能调动成员教师参与名师工作室的积极性，增强成员教师的责任意识，提升成员教师对名师工作室的归属感。由此，有助于建立团队的共同愿景和发展方向，挖掘团队成员的想象力、创造力，促进团队的可持续发展，让团队的共同愿景成为个人愿景的拓展与延伸。

2. 活动形式：创设人际互动

研修活动形式是否多样，直接影响到名师工作室研修活动的吸引力。为了提升研修活动的吸引力，需要开展形式多样的研修活动，具体可以从以下几个方面入手：

首先，追求多样化的研修活动形式。第一，开展常规性的研讨活动，主要包括观摩听课、主题研讨以及专题讲座等；第二，组织学术研讨活动，包括课题研究、学术沙龙等；第三，开展游学考察的活动，组织成员教师跨区域考察交流；第四，定期开展娱乐体育性活动，主要包括体育类、娱乐活动，营造和谐的团队氛围。

其次，加强名师工作室的跨区域交流，组织"走出去""请进来"的交流探讨活动，消除不同组织间的壁垒，在交流过程中，教师们畅所欲言，思想发生碰撞，有助于相互之间进行互动，更新教师的教育理念，促进教师的专业发展。

最后，依托互联网开展研修活动。近年来，互联网发展十分迅速，为名师工作室研修活动的开展创造了有利条件。研修活动可以充分发挥互联网优势，开展线上与线下相结合的研修活动，能缓解工学矛盾，可建立共享资源群组，随时随地分享网络学习资源。同时，要落实成员责任，掌握成员需求和动态。在互联网的支撑下，名师工作室研修活动的开展不再局限于时空限制，有助于减轻教师的工作压力，促进教师的专业发展。

3. 活动时间：赋予人文关怀

研修活动时间的安排是否合理，关乎名师工作室活动能否顺利开展。只有合理地安排研修活动时间，充分体现人文关怀，才能确保名师工作室活动有条不紊地进行，进而发挥名师工作室的引领、辐射效能，带动青年教师的快速发展。

由于教师角色定位各有侧重，工作内容各有不同，使教师参加名师工作室研修活动的时间存在碎片化特点。为了体现人文关怀，提高教师参加名师工作室研修活动的积极性，应做好如下工作：

首先，要灵活安排研修活动时间。在前期策划工作中，主持人要提前了解各位成员教师的工作情况，并合理安排研修活动时间。为了确保全员参与，主持人尽量在研修活动开始前的一个星期通知到每一位成员教师，为成员教师协调个人时间提供便利。如果成员教师存在特殊情况，无法调配时间，可以通过集中与分散、个别辅导的方式灵活安排研修活动。

其次，为了提高研修活动的效果和质量，名师工作室要与学校达成共识，在研修活动前期，学校尽可能调整成员教师的工作任务量，确保每一位成员教师都可以全身心投入研修活动中。

最后，名师工作室要结合成员教师的实际需求，减少一些不必要的活动安排，如常规的行政会议，缓解教师的疲倦感，使之有更多时间和精力参与到学习中。

（二）培育共同愿景，营造良好氛围

1. 参与机会：把握角色需求

青年教师与非青年教师作为名师工作室的新鲜血液和主力军，有着巨大的发展潜质，为了保证他们拥有同等机会参与到研修活动中，同时缓解他们的压力，可以从以下两方面入手：

一方面，主持人要充分发挥整合能力，以任务引领教师发展。总的来看，参加名师工作室的成员教师主要包括两种类型：一是经验不足的青年教师，二是经验丰富的资深教师。二者无论是在学习风格上，还是认知水平上，抑或专业能力上都呈现出差异性。基于此，主持人应该根据成人学习的心理特点，结合不同教师所处的专业发展阶段，对所有成员教师进行分层，并按照分层结果设计差异化的任务与生长点，并按照不同教师的任务目标的进度，及时做出恰当的调配与整改。同时，分层也可以参照"骨干教师＋青年教师"的配对形式，在实施过程中，同组的骨干教师和青年教师共同进退，既可以在小组内部形成互相信任、合作对话、平等互助的内部学习氛围，也充分发挥骨干教师的示范作用、激发青年教师的创新思维。由此，不仅可以有效避免出现教师参与机会不平衡的问题，还能进一步强化对成员教师的监督力度。

另一方面，充分尊重青年教师的主体地位，营造自由、民主、公平、和谐的氛围。[①] 为了确保青年教师更好地参与到各项研修活动中，主持人尽量不要采取直接"任命"的方式，可以选择民主推选或轮流的方式，确保青年教师可以真正参与到主题讲座、公开课展示以及课题研究等活动中，让青年教师重视与珍惜每一次机会，从而提高青年教师的自我学习能力，缓解青年教师的职业压力。

2. 专家团队：促进多元融合

中小学名师工作室的有效运行，可以为高校专家教师提供教育教学研究的实践案例。与此同时，高校专家教师可以为中小学名师工作室的成员教师提供理论、方法指导，推动教育理论和实践的有机融合和成功转化。打造专家团队是名师工作室的领衔人将成员教师的需求及效果反馈给专家教师的重要途径，也是一种完善指导进程及方式的有力手段。在专家培训活动的开展中要注意两点：一是高校专家教师要着力提升培训技能。为了增强培训、指导效果，高校专家教师要从一线教师群体的实际需求出发，确定培训、指导内容，采取多样化的培训、指导手段。同时，要坚持以人为本的原则，了解一线教师内心的真实想法，定期征求一线教师的意见，有针对性地优化培训、指导的内容与手段，为名师工作室的成员教师提供智力支持。二是高校专家教师要注重培养一线教师的思想意识。部分青年教师初入岗位，对所从事的职业缺乏全面认知，尚未形成较强的职业认同感。高校要加强对这类教师的思想意识培养，恰当地运用心理学知识对教师的心理问题进行及时有效的疏导，引导他们树立职业信念，增强他们的职业认同感和幸福感，帮助他们形成良好的自我效能感，并内化为自觉的教育行为。

四、建立教师专业心理咨询室，缓解教师心理压力

近年来，教师心理健康备受关注，已经成为学校管理亟待关注的问题。

---

① 李哲.名师工作室"教学研评一体化"教师发展模式的建构与实践 [J].河南教育（教师教育），2024（4）：30-31.

为了缓解教师因工作、生活产生的紧张焦虑情绪，消除教师的职业倦怠，学校应该关注教师的心理健康，建立专业心理咨询室，将教师的心理健康教育工作纳入学校可持续发展工作中，以塑造教师良好的心理品质。

学校可以针对教师群体创建专业心理咨询室，聘请专业化程度高的心理咨询师，同时联合心理学会，建立线上心理咨询平台。心理问题通常涉及个人的隐私和敏感问题，部分教师羞于开口，不愿意承认自己存在心理问题，或者在遇到心理问题时，不愿意主动向他人寻求帮助。针对于此，学校可以发挥网络优势，开设线上心理咨询平台，教师可以通过匿名的方式大胆倾诉。学校每学期可举行一两次教师心理建设讲座，聘请心理专家或具有坚强心理品质的个人传授一些释放心理压力的方法。另外，每学期可由心理学会组织对教师专业、科学的心理评估，帮助教师认识到自身的问题，从而找到解决办法。

为了体现对教师心理健康教育工作的重视，学校可以将这项工作纳入学校可持续发展的工作中，将教师心理健康置于重要位置，成立"教师心灵成长工作坊"、团体心理辅导室，让教师聆听一些舒缓身心的音乐，品尝美味的食物，种植绿色的植物，为教师释放心理压力提供有效场所。学校可以联合心理专家，针对在校教师开设减压课程，为教师传授一些排解压力的有效方法。由此，可以引起全校教师对心理健康教育的重视，营造出健康、愉悦、和谐的工作氛围。

五、构建合理的薪酬制度，提供坚实的生活保障

薪酬是教师生活保障的主要来源之一，合理的薪酬制度可以为教师生活提供坚实的保障。对于学校而言，提供比外界更具竞争力的薪酬，是吸引优秀人才、避免人才流失的有效手段，这需要学校全方位了解外界人才的价值评判标准，并以这一价值评判标准为主要依据，为同等价值水平人才提供更具吸引力、具有一定优势的薪酬。构建公平合理的薪资制度，是学校实现可持续发展的一大有效措施，这不仅能很大程度上缓解教师的压力，还能让学校职位对求职者更具有吸引力，同时可以极大地提升教师的忠诚度。因此，学校应该不断优化现有的薪酬制度。

首先，薪酬制度的构建与完善，应该综合考虑多种因素，包括教师的资

历、教育背景、工作经验、教学效果以及科研成果等，确保薪酬水平与教师付出与贡献保持较高的匹配度。学校可以构建分级薪酬体系，根据教师的综合表现，将教师划分为不同的等级，并对应不同的薪酬标准。

其次，薪酬制度的构建应该充分体现公平性原则，既要重视教师的工作年限，还要考虑教师的工作质量，如教学质量、科研成果以及对学生发展的促进情况。为此，学校可以针对在教学创新、学生辅导以及学术研究等特定领域有突出表现的教师，设立相应的绩效奖金和额外津贴，在增强教师成就感的同时，对其他教师也能起到一定的激励作用。

最后，学校应该定期评估薪酬制度和执行效果，征集教师的意见，充分发挥薪酬制度的实际效用。通过动态调整的方式，可以确保薪酬制度具有更强的适应性，从而有效地激励教师，使教师全身心地投入到教育工作中。

六、学校提供家庭教育指导，转变家长观念

随着社会的快速发展，家长对孩子教育问题的重视程度日益提升。在学生学习生涯中，学校教育发挥着主导作用，但家庭教育对孩子的影响具有不可替代性，所以，学校应该加强对家庭教育的指导，让家长意识到家庭教育的重要性，同时让家长理解教师工作的不易，从而积极配合教师工作，避免给教师带来不必要的工作压力。[①] 为此，学校应该极力转变家长落后、过时的教育观念，让家长明白孩子的教育不仅仅是学校或教师单方面的责任，而是学校、家庭、社会多个方面的共同努力，缺少任何一方都不是健全的教育。具体可以从以下几个方面入手：

第一，带领家长全面了解学校。学校可以开展多种形式的家校活动，让家长走进学校，了解学校的方方面面，包括学校的安全保障、组织管理、师资队伍以及课程设置等，尤其是要亲身体验教师的工作，带领家长参与到校本研究中。由此，有助于不断增强家长的教育意识，使家长更加认同和肯定教师的工作，从而充分尊重和积极配合教师。

第二，举办家庭教育的讲座。学校可以根据当下需要，组织相应的家庭教育讲座，积极邀请家长参与进来，在这期间大力宣扬科学的家庭教育理念，

---

① 黄兰菊，李晶．学校开展家庭教育指导的策略 [J]．吉林省教育学院学报，2024，40（7）：49-54.

鼓励家长反思自身的教育理念，摒弃陈旧、落后的教育理念，传授给家长一些学科知识和学习方法，为学生的全面发展奠定良好基础。

第三，充分发挥家长委员会的桥梁、纽带作用。在教师与家长之间关系的维护上，家长委员会发挥着重要的作用，可以帮助家长转变教育观念，让家长更加理解教师工作。同时，家长对于学校、学生的情况具有知情权、参与权、监督权，让家长委员会参与到学校教育工作中，可以让家长从内心深处真正认可学校、理解教师，缓解教师的工作压力。

第三节　教师个体层面的对策

一、保持健康的生活方式

健康的生活方式是教师身心健康发展的重要保障，有助于缓解教师的工作压力。因此，教师要远离不健康的生活方式，保持健康的生活方式。

（一）调整饮食和休息

在人的生活方式中，饮食和休息是较为基础的内容，是影响人的生活质量、生存质量的基础性因素，与个体压力应对息息相关。因此，无论是年轻教师还是资深教师，都必须重视饮食和休息这两大问题，要充分意识到饮食和休息会影响生命健康和工作压力，要按照科学要求，对饮食和睡眠作出适当调整。

1. 饮食得当

食物是影响人心理状态的重要因素，尤其是情绪状态。饮食得当往往会使人保持良好的情绪状态；饮食不得当可能会使人产生负面情绪。因此，教师要注意饮食得当，从而缓解工作压力。考虑到教师这一职业的特殊性，经常性地需要长时间进行教学或备课，容易引发身心疲劳的情况。为了有效解决这一问题，教师可以增加优质复杂碳水化合物的摄入，常见的主要有全麦面包、燕麦等，这些食物可以为人体提供持久的能量。除此之外，教师还可以摄入适量的蛋白质，常见的主要有鱼、豆腐、鸡胸肉等，这些食物不仅能帮助身体进行修复，还可以为身体提供必需的氨基酸，使身体时刻保持警觉性。

2. 高质量睡眠

在人的一生中，睡眠大概占 1/3 的时间。夜间的高质量睡眠对于身体素质的改善具有促进作用，可以使人在白天保持精力充沛，有助于提升整个人的生活质量。为了进入并保持高质量睡眠，可以采取以下方法：

（1）挑战非理性观念。非理性观念指个体以自己的主观意愿为出发点，认为某一事物必定会发生或不会发生的信念。如果人总是担心自己无法快速入睡，或者无法进入高质量睡眠，就会增加对自己的刺激，使肌肉处于紧张状态。很多失眠的人通常都在内心认为自己今晚如果不尽快睡着，明天一天状态将难以保证，影响学习或工作效率。为了避免这种情况的发生，教师要善于挑战非理性观念，要宽待自己，坚信即便无法快速入睡或睡眠质量不佳也无须担忧，减少给自己带来的刺激，使肌肉处于放松状态，为高质量睡眠奠定基础。

（2）不要轻易吃安眠药。依靠药物保证睡眠会引发诸多负面问题：一是对药物产生依赖或成瘾；二是产生抗药性后，每次服用剂量都得不断增加才能达到同样的效果；三是把睡眠改善归功于药物，而不能培养对自己睡眠能力的信心。因此，在睡眠质量欠佳的情况下，教师切不可轻易吃安眠药，要优先尝试其他方法，避免产生相关负面问题。

（3）营造利于睡眠的环境。高质量睡眠离不开有利的环境。具体来说，利于睡眠的环境条件主要包括安静、空气质量好、光线柔和、温暖适宜等。

（4）养成有规律的睡眠习惯。有规律的睡眠习惯有助于消除疲劳，恢复体力。每天晚上尽可能在同一时间上床睡觉，第二天在同一时间醒来，逐渐养成有规律的睡眠习惯。按时午睡可以协调生物钟和生命周期，但失眠的人尽量不要进行午睡，因为可能会加重晚上的失眠。

3. 洗浴

洗热水澡是一种非常简单且放松的休息方法。通常来说，水温 40℃ 左右的热水浴，可以有效提升人体神经系统的兴奋性，促使血管扩张，加快血液循环，改善身体组织和器官的营养状态，降低肌肉的张力，使肌肉处于放松状态，使人们产生轻松舒适、神采飞扬的感觉。此外，冷热水交替浴也是一种常见的洗浴方式，通过冷热交替的方式，可以进一步改善体温调节的功能，增强身体的新陈代谢功能。

（二）参加休闲活动

休闲活动指人们在闲暇时间所从事的活动。教师按照个人喜好参加一些休闲活动，可以使身心获得愉悦感，达到自我发展的目的。

1. 参加体育运动，解除负面情绪

定期参加体育运动可以解除负面情绪，是控制压力的有效、简单方法。面对压力，人的身体会第一时间有所反应，做好准备从生理上应对引发压力的因素。在人类进化过程中，起初压力应对反应主要目的在于躲避或抵抗生理上的危险。因此，面对来自心理上的刺激，人类已经习惯于通过强有力的活动进行发泄。

为了有效解除负面情绪，提升身心应付紧张的能力，可以参加跑步、游泳、跳绳、步行等体育运动。跑步简单易行，灵活度高，不受限于场地。在跑步过程中，人体会释放出内啡肽这种激素，使人们感到兴奋，提高自身情绪。游泳作为一种全身性运动，是一种解压的有效方式。在游泳过程中，人们受到水的浮力作用，减少了对关节的压力，使之能够轻松地进行运动，有助于减轻人的紧张和焦虑情绪。跳绳作为一项高强度的运动，既能短时间内消耗体内能量，又能提高人体的协调性和反应能力，具有很好的减压效果。步行尤其是以每小时 5 千米以上的速度进行的快走，具有良好的情绪调节作用。因为在步行过程中，人们的步伐和呼吸具有规律性、节奏性，可以让人们进入一种自然冥想的状态，有助于人们放松心情，更好地融入大自然中，从而提高心理韧性。

（1）有氧运动和无氧运动。有氧运动是一种主要以有氧代谢提供运动中所需能量的运动方式。有氧运动形式多样，主要包括慢跑、走路、长距离游泳以及骑自行车等，这一运动的特点是时间比较长，需要利用较多的肌肉组织吸取较为充分的氧气。与有氧运动相对应的是无氧运动，其特点是短时间内的爆发性运动，氧气吸入较不充分，主要包括短距离的赛跑、健美和短距离的游泳比赛等，运动激烈，多为竞技体育。

对于普通人来说，每星期应该至少做 2~3 次有氧运动或无氧运动，运动时间可以安排在清晨或晚饭一小时之后，每次运动的时长保持在大约 20 分钟。为了让身体体会到放松的愉悦感，运动的节律可以快慢交替进行，使身体在压力与恢复之间处于张弛有度的状态，感受运动带来的快乐。在这样的放松运动中，全身的细胞都会受到影响，脑部不安的压力会被肌肉、身体的神经反应所抵消，工作中的沮丧、悲伤、失望等消极情绪会一扫而空。

（2）太极拳。太极拳通过练拳养气，行气通经，协调五脏，有助于提升自身机体的免疫能力。太极拳是一种注重意气运动、身心兼修的拳术运动，动作舒展缓慢，连绵不断，配合呼吸，放松肌肉，集中意念，有利于人们排除各种干扰，心静如入无人之境。太极拳结合动作和呼吸，从肌肉放松开始，逐步达到神经系统，乃至整个身心的自然放松状态。

2. 利用假期旅游，调节自身情绪

在旅游过程中，人们的生活节奏会发生改变，身体和心理均得到休息和调整，有助于缓解人们的心理紧张情绪和心理压力。领略自然风光，呼吸新鲜空气，在心情愉悦的同时，可以摆脱生活和工作的压力，有助于人们身心健康发展。通过旅游，人们可以开阔眼界，学习丰富的文化知识，使精神需求得到充分的满足。另外，在游山玩水的过程中，人们参加了欣赏自然风光、人文景观以及民俗风情等审美活动，获得了精神上的愉悦，在心旷神怡的同时，心理上也得到极大的满足。

二、提升自身的调节能力

具备良好的调节能力，可以使教师更积极地应对各种压力。教师提升自身调节能力可以从以下两方面入手：

（一）营造和谐的氛围

营造和谐的氛围主要指教师与他人进行人际交往所建立的氛围。营造和谐氛围与处好各种关系之间在要求上存在着相似性，但也存在不同之处，处好各种关系中不仅包括与他人的交往关系，还包括很多其他关系。而营造和谐氛围更多的是强调积极主动地为处理好与他人交往的关系方面所做的努力。教师要学会与他人交往，这是有效应对和预防压力的有效途径。教师积极营造和谐氛围，实际上是为自己创设一个对身心健康、工作、生活等方面有益的环境，这对于教师的全面发展具有积极的影响。

一方面，作为一名教师，在日常教学与工作中需要与学生、同事、领导间进行交往。教师在与学生的交往中，通过营造和谐氛围，与学生展开双向的互动与沟通，有助于提升学生的学习效率，同时也能提升教师的教学能力。

教师在与同事的交往中，通过营造和谐氛围，构建和谐的工作环境，可以相互学习、相互分享，建立团结互助的友好关系，有助于实现共同进步。教师在与领导的交往中，通过营造和谐氛围，教师向领导及时反馈各种意见，领导也能及时了解教师的工作状况，不仅有助于调动教师工作的积极性，还能提高领导决策的科学性。因此，教师应该学习和掌握更多沟通技巧，加强与学生、同事以及领导的沟通，积极主动地融入集体当中。当学生遇到困难或挫折时，教师要及时提供帮助；当自己遇到职业难题时，要及时向同事或领导寻求帮助。由此一来，教师不仅可以维护好与他人之间的友好关系，还可以大大地减轻因处理复杂关系而造成的压力。

另一方面，教师作为家庭中的一员，应该与家人之间建立和谐的关系。家人在教师的人生中扮演着至关重要的角色，教师与家人能否和谐相处，能否营造幸福美满的家庭氛围，对教师的生活和工作产生着非常重要的影响。同时，教师应该与朋友之间建立友好关系，因为朋友这一角色贯穿于教师人生发展的每个阶段，是教师诉说心事的人，是教师遇到困难时能够联想到的人，是分享快乐时光的人，建立亲密友好的朋友关系，有助于教师积极乐观地面对生活和工作，对于教师消除生活和工作中的压力具有促进作用。因此，教师要用心营造和谐的家庭氛围，营造亲密友好的朋友关系，用真心和包容对待家人，用热心和真诚对待朋友。只要教师用心去经营，相信一定可以建立起和谐的家庭氛围和朋友关系，获得来自家人和朋友的巨大的力量。这无疑是轻松愉快地工作和生活的重要方法，也是应对教师压力的有效措施。

（二）加强自我身心调适

压力无处不在，每个人在工作中都会或多或少感受到压力的存在，这属于一种主观体验，而这种体验程度随着情境的变化呈现出差异化特点。根据"个体—环境"匹配理论可知，当环境与个体间不匹配时会产生压力。因此，面对相同的压力，不同性格特点的教师所秉承的态度有所不同。通常情况下，乐观的教师会将压力转化为动力，保持积极主动的学习态度；消极的教师第一反应是抱怨工作繁重，难度高，职业能力停滞不前。因此，教师应该正确看待压力，加强自我身心调适，保持积极乐观的心态。

一方面，教师需要时刻保持对自我的清醒认知，认清楚自己当下的水平、能力以及学习阶段，在保持进步的同时，找准自身的定位，摒弃不切实际的追求和过高的要求，并适当降低期待，以缓解工作压力。面对工作中不同类型的压力，教师要有正确的认知，适当的压力可以转化为使人前进的动力，在压力中要认识到自身存在的不足之处，并确定正确的努力方向，有针对性地改善自身的不足。

另一方面，教师工作能力的提升有助于缓解工作带来的压力。因此，为了缓解工作压力，教师可从提高自身工作效率入手。第一，教师需要做好时间管理，找到高效工作的时间段，为每项工作限定合理的完成时间，细分工作目标，并在不同时间段完成。第二，教师要善于优化办公环境，如定期打扫办公桌、养绿植，发挥环境对工作的促进作用。第三，养成不拖沓、不糊弄的工作习惯，认真对待每项工作，及时归纳整理已完成的工作。第四，长时间工作容易使精神处于紧绷状态，教师可以学习一些有助于自我放松的方法，如冥想、唱歌、自我心理疏导，使精神放松。

三、继续教育的自我完善

全能型的人才是当今社会和企业都急需的。教师属于知识型职业者，特别是处于初级工作阶段的青年教师，要想成为全能型人才，不仅需要强化自身专业的能力，还要加强对其他领域知识的学习。在工作中，教师应该及时总结经验，树立终身学习理念，学通、学精自身业务知识，不断提升自身职业能力，从而提高自身的竞争力，由此就能在考核评估、职称评测中应对自如。在知识更新周期日益缩短的时代，专业知识的更新显得尤为重要，学生要想成为有用之才，需要掌握先进的知识和思想。这需要教师在传授给学生知识的同时，不断扩充自己的知识储备库，提升自身的职业水平，通过不断继续教育学习，锻炼心性、陶冶情操。

良好的工作技能是教师实现继续教育的前提条件。教师工作技能的提升主要涉及教学与科研两个方面，在教学方面，教师可以积极参加专家的培训讲座，学习和了解全新的教学理念与方法，与其他教师分享职业心得体会，取长补短，从而提升自身的教学能力。同时，教师要善于反思，坚持写好工作日志，将工作中遇到的问题及时记录下来，建立并不断完善个人工作档案。在科研方面，教师可以参与到学校、国家组织的科研组中，积极参加科研探讨活动以及科研项目的研究。如果教师可以长期坚持，就会提升自身的工作技能，在工作中游刃有余，有助于减轻工作压力。

第四节　技术支持下的对策

一、教育行政部门层面

（一）完善相关政策制度

政策是影响教师压力的宏观因素，可以从物质和精神层面给教师带来实质性帮助。为了缓解教师的技术压力，促进教师的专业发展，教育行政部门要完善相关政策制度，一方面对教师发展起到约束作用，另一方面对教师起到支持作用，从而有效缓解教师面临的技术压力，可以充分发挥信息技术在教学中的优势。

1. 政企合作，加大资金投入

信息化教育的有序推进离不开良好的硬件环境，而这需要充足的教育资本投资作为基本保证。通过政企合作的方式，可以为基础设施的完善、教师技术能力的提升带来充足的资金。无论是在线教学平台还是智能教学设备，抑或大数据分析，这些现代教育技术的应用都需要大量的资金投入，进而实现设备的购入、软件的开发以及教师的培训。政府与企业之间的合作，能够为现代教育技术的应用提供稳定的资金来源，确保教师可以学习和应用最先进的技术设备，获得技术培训机会，从而缓解因技术滞后而引发的压力。

2. 做好技术保障工作

为了缓解教师的技术压力，推动信息化教育教学改革，必须做好技术保障工作。首先，针对信息化教育在学校的深入开展，教育行政部门可以出台相关的政策措施，加强对先进教学理念与教学模式的推广力度，帮助教师形成全面且深入的理解，认识到信息技术的应用是大势所趋，以及信息技术给教学带来的积极影响，为教师主动学习全新的教育学科理念、知识与技术提供强大动力。其次，教育行政部门要不断完善学校教育经费支持政策，针对学校教师信息化教育课程的培训与实践设立专项资金支持，优化学校信息化教学设备体系，为教师尝试与实践创新的教学方法提供充足的资金保障。

各地教育行政部门要建立基本的管理法规，为所有举措的实施提供制度保障。在信息技术广泛应用的背景下，建立学校教师培养发展电子档案袋，遵循"一人一档"原则，并结合教师在不同学段表现出的差异性特征，采取分级培养方法，可采用按年级分层、按学段分层、按培养类型分层以及按培养内容分层的层次方式，逐步提升教师的课堂教学能力、科研能力水平，加强教师培养的针对性。教育行政部门可以搭建学时管理系统，收集教师参加网上培训时间、调查研究以及参观教研等信息，将这些信息纳入学分体系，作为教育考评的内容，为教师职称评定提供重要依据。

（二）增强培训的实效性

在搭建教育教学资源服务平台的过程中，教育行政部门要具备开放性思维，从当地实际情况出发，追求内容的多样性，不仅要积极吸收其他省的高质量教学资源，还要充分利用本地的高质量教学资源，强化共建共享共赢，并加大宣传与推介力度。

在搭建教育信息服务平台的时候，教育行政部门要坚持以用户为中心，致力于满足现代教育的实际需求。可以借助互联网平台，面向教师这一群体，收集有关教师专门课程内容的意见与建议，然后梳理汇总出教师需求较为强烈的领域，并展开重点研究，从而使教师可以免费参与到教育资源的培训与使用当中。由此一来，不仅教师的学习需求得到充分的满足，还有助于培养教师专业学习的兴趣，为培训的有效性提供保障。

教育行政部门可以为教师提供针对性的信息技术培训。教师信息技术水平参差不齐，为了让不同教师根据实际情况有针对性地提升自身信息技术水平，可以提供层次化的信息技术培训内容。通常来说，教师信息技术培训内容可以划分为三个不同的层次：第一层次以基础性信息为主，包括照片与录像的处理，电子表格、动画、录像等制作技术，多媒体运用技能等；第二层次主要是信息技术与教学的集成方法，帮助教师提升选择与运用信息的能力，从而提高课堂教学质量和效率；第三层次主要是帮助教师学习和掌握多种信息化手段，并灵活运用于各种不同情景中，从而高质量开展教学工作，如指导学生进行在线学习，借助大数据分析剖析学生学习的优势与不足等。教师可以结合自己的实际情况，选择适合自己层次的培训内容，有针对性地提升自己的信息技术水平。

二、学校层面

（一）加强软硬件建设

学校应该为教师提供完善的软硬件环境，让教师在便捷、高效的环境中进行学习和工作。在硬件方面，学校要不断优化硬件设施，配置高性能的计算机，提供稳定的网络连接，采购现代化的多媒体设备，为教师高效率开展教学工作提供良好的硬件条件。在软件方面，学校应提供先进的教育软件，搭建多功能教学平台，提供多样化在线教育资源，为教师优化课程设计和创新教学方法提供帮助。通过加强软硬件建设，为教师教学工作提供全面支持，为教师信息化教学提供便捷，逐步提升教师的信息技术应用的能力水平，缓解教师的技术压力。

（二）优化网络培训

校本教研是信息技术培训工作的主要方式之一，对于教师信息技术应用能力的提升具有显著的效果，有助于缓解教师的技术压力。因此，学校要善于组织校本教研活动，充分发挥校本教研的优势，支持与鼓励教师参加校本研修活动，在此过程中学习先进的信息技术知识和技能，教会教师正确使用相关应用程序。为了改善网络培训效果，学校可以根据本校教师信息技术应用的实际能力水平，将教师划分为不同的层级，并分级设计针对性的目标，确保每一位教师都能从校本研修中真正受益。针对能力水平不同的教师，要选择有针对性的培训内容，如对于能力水平处于初级阶段的教师，培训内容主要是学习信息技术基本知识和技能，帮助他们掌握基础的信息技术应用技能；对于掌握了一定信息技术技能的教师，由于他们在教学实践中已经积极探索了信息技术的应用，并可以将信息技术与教育实践整合起来使用，所以培训内容主要是培养教师的创新意识和能力，鼓励教师探索和实践信息技术与教学工作的融合方式，致力于两者融合的不断深入。对于已经精通熟练信息技术的教师，由于他们具备了坚实的信息技术知识和技能基础，所以培训内容主要是培养他们自我革新和信息创造的能力，在此基础上，教会他们多媒体教学设备的基础维护方法，以及软件升级能力，甚至可以肩负起培训其他教师的重要责任。通过分层培训的方式，有助于增强培训效果，提高教师信息技术应用的能力，缓解教师所面临的技术压力。

三、教师个人层面

在科学技术大爆炸的 21 世纪，教师与学生之间存在的角色关系也发生了巨大的变化，在课堂教学中，教师与学生之间的互动已经不再是传统意义上的"你听我讲"，课堂不再是学生学习的唯一场所，教师教学不再是学生获取知识的唯一来源。学生的学习突破了时间和空间的限制，有了更多的主动权和选择权，教师的权威地位逐渐受到挑战和质疑，这促使教师感受到一定的紧迫感和危机感。因此，在信息化背景下，面对信息化与教学融合的发展趋势，教师要有正确的认识，以政策为指导，提升自身的信息素养，更好地应对技术压力。

（一）正确认识信息技术，强化自主发展意识

教师的自主发展意识是教师专业成长的根本动力，因此，基于教育信息化背景下，教师在专业发展过程中，应该理性、辩证地看待信息技术，不能完全抵制也不能完全依赖，不能让信息技术"喧宾夺主"，应利用信息技术辅助自己实现专业成长任务，将信息技术看成提升自身专业发展水平的主要途径，从而激活自身专业成长的新动能。

根据自我实现理论可知，人一旦逐渐适应下一级的需要就会产生自我实现的需要，并且对高级需要的适应会有益于人的身心发展和精力旺盛，也就会自然地产生更高级的需求。[1] 当教师的较低层次需求得到满足之后，通常会出现自我实现的需求。此时，教育工作在教师眼中已经不再是一种谋生手段，而对教育工作产生深厚的感情，希望通过坚持不懈地学习，探寻更多专业发展的有效途径，同时希望可以高效率完成每一项工作。简单来说，教师已经超越了物质追求，而更倾向于精神追求，致力于个人价值的实现。在信息化教育背景下，教师要坚持与时俱进，树立终身学习的精神，强化自主发展意识，善于、勤于、乐于运用网络，不断完善自身的知识系统。

互联网的高速发展，给教师提供了多样化的发展途径，教师应该充分认识到互联网的优势，善于运用互联网所提供的发展机会进行主动、积极的学

---

① 隋洁，赵明月，齐娜.托育教师专业自主发展的实践路径：基于马斯洛自我实现需要层次理论 [J].公关世界，2022（12）：78-80.

习，并针对自身情况选择适合的渠道开展学业。此外，教师可以依托互联网平台，通过线上的方式与专家学者、同行进行交流，相互之间分享优秀教育经验，围绕新问题展开探讨，从而在后续的教学中追求自我突破，并不断提升自身的信息素养。

（二）深化政策理解，优化自身知识结构

教师应不断追求更高水平的教育信息化应用能力，要持续关注相关政策的颁布，同时加强对相关规范的理解。随着信息技术在教育领域中的广泛应用，教育政策为了更好地适应时代发展需求也在持续调整与更新。每当教育政策发布，教师要及时深入解读这些政策，准确把握政策的核心精神，为教学实践的开展提供指导。此外，教师应该密切关注教育政策的实施路径，在教学实践中以政策为指导，在积极响应政策的同时，促进教育信息化的进一步发展。

在现代教育背景下，教师要想实现专业发展需要具备丰富的文化知识，从而宏观地把握所教的学科知识。文化知识类型多种多样，主要内容是现代的自然科学教育知识与信息技术知识。尤其是在日新月异的信息化时代背景下，教师为了更好地应对技术压力，需要学习更多的信息技术知识。在日常教学中，教师可以加强对信息技术知识的学习，积极参加相关的培训活动，多接触和了解不同的信息技术内容，扩大自己的信息技术知识面。在课外时间，教师可以根据自己的薄弱之处，学习相应的信息技术知识，不断完善自身的知识结构，从而增强对信息技术知识和技能的了解与掌握。

（三）把握教育发展趋势，提升信息素养

信息化背景下，信息技术素养已逐渐变成教师开展培训活动所必需的基本素养。而普通教师培养自己的信息技术素养，可以从信息意识、信息知识、信息技能以及信息道德四个方面着手，如图 8-1 所示。

1. 信息意识

强烈的信息意识是教师提升自身信息技术素养的重要前提。所谓信息意识，指个人对信息的认知、理解以及利用能力。信息意识是教师信息素养的重要组成部分。随着信息化时代的来临，信息化教学资源的种类日益增多，主要包括数字化课件、电子教材、数字图书、在线题库等，现代教育技术变得越来越多，主要包括人工智能技术、大数据技术、虚拟现实技术等。而信

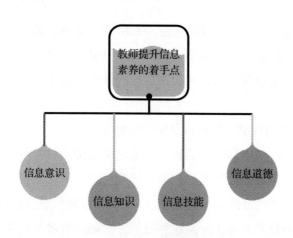

图 8-1　教师提升信息素养的着手点

息化教学资源和现代教育技术能否被合理且充分地应用于教育教学当中，主要取决于教师的信息意识。教师只有具备强烈的信息意识，并充分认识到信息化教学的重要意义，才会积极主动地推进信息化教学。因此，教师应该摒弃传统教育教学观念，学习并掌握全新的教育教学观念，意识到信息化教育是一股不可逆转的趋势，不断强化自身的信息意识。

2. 信息知识

信息知识指与现代化信息技术相关的基础思想、基本知识与方法，主要包括现代化信息技术基本知识、计算机技术基本知识。现代化信息技术基础思想主要包括信息系统的基础性概念、信息处理的方式和原则、现代化信息技术的社会文化特性等。人们对现代化信息技术本身认识后，就能辩证地看待现代化信息技术，从而正确地了解、使用现代化信息技术。现代化信息技术基本知识主要包括网络技术的应用、数据库管理以及信息安全的基础知识。现代化信息技术的方法主要包括信息系统开发的方法、数据处理的方法和信息安全的方法。教师只有熟练掌握信息知识，才能在教学实践中进行应用，从而提升自身的信息素养。

3. 信息技能

信息技能是教师整体信息素养的重要体现。努力提高自身的信息技能，有助于从整体上提升教师的信息素养。第一，教师要不断提升自身使用信息化教学资源的能力。随着信息化时代的来临，教师获取到了大量的信息化教学资源，但并不是所有信息化教学资源都具有使用价值，这需要教师具备良好的使用信息化教学资源的能力，合理选取、处理、加工、使用信息化教学资源，并善于依托互联网创造生成新的信息化教学资源。第二，教师应不断提升自身的信息化教学能力。得益于信息技术的进步与发展，教学改革得以持续深化，多媒体教学系统、各类教学设备等在教学实践中的应用越发广泛，这需要教师熟练应用教学设备和信息技术，发挥其对于教学的辅助作用，并持续推进信息化课程的建设，有条不紊地开展信息化课堂教学，对信息化课堂教学进行评价。

4. 信息道德

信息道德是人类提高教师信息素养的重要保证。可从以下几个方面入手：第一，教师要不断强化自身的信息伦理意识，深层次理解信息道德的内涵，充分认识信息道德的重要性，在信息获取、使用、创造和传播过程中应遵守的一定的伦理规范。第二，教师可以通过参加系统的培训，掌握正确处理信息资源的有效方法，尤其是个人隐私保护、信息安全以及数据使用等方面，杜绝滥用信息技术的情况发生，确保不侵害他人的权益。第三，在日常教学中，教师要自觉抵制不良信息，积极营造良好的教育环境。同时，教师要发挥榜样作用，通过言传身教的方式，将信息道德渗透到教学中，帮助学生树立正确的信息观念。

参考文献

［1］曾祥跃.在线教师专业发展研究[M].广州：中山大学出版社，2021.

［2］肖黎明.新时代教师专业发展[M].南昌：江西高校出版社，2020.

［3］杜思民，崔志勇.教师文化与高校教师专业发展研究[M].开封：河南大学出版社，2021.

［4］孙翠松.基于教师专业发展的区域高质量研修体系构建[M].北京：中国言实出版社，2023.

［5］靳淑梅.教师专业发展的理性思考与实践策略研究[M].天津：天津科学技术出版社，2023.

［6］杨瑞勋.中小学教师专业发展的师徒制研究[M].北京：中国书籍出版社，2023.

［7］张怡.跨界学习面向未来的教师专业发展新路向[M].上海：上海教育出版社，2023.

［8］谢红星，文鹏.高等学校青年教师专业发展能力提升研究[M].武汉：武汉大学出版社，2022.

［9］李国成，向燕玲.高职院校教师专业发展与教学创新团队建设研究[M].杭州：浙江工商大学出版社，2022.

［10］杨帆.研究型教师的专业发展研究[M].南京：江苏人民出版社，2022.

［11］曾水英，李盛基.地方高校青年教师职业压力及调节策略[M].哈尔滨：哈尔滨工程大学出版社，2022.

［12］李学书.教师的坚守[M].上海：复旦大学出版社，2020.

［13］周茹.教师心理问题的调适[M].长春：东北师范大学出版社，2020.

［14］周云.中小学教师幸福感研究[M].北京：原子能出版社，2021.

［15］项家庆.教师积极心理的培养与调适［M］.天津：天津教育出版社，2018.

［16］杜雪婷.信息技术教师专业发展影响因素研究［D］.南宁师范大学硕士学位论文，2023.

［17］崇雄艳.促进乡村教师专业发展的课堂生态系统构建与仿真研究［D］.云南师范大学硕士学位论文，2023.

［18］崔宇路.智慧教学环境下教师TPDCK知识框架构建与应用研究［D］.东北师范大学博士学位论文，2023.

［19］王慧欣.基于教师专业发展的教师同伴互助研究［D］.华东师范大学硕士学位论文，2023.

［20］刘锦.适应性专长视野下就业指导教师专业发展的叙事研究［D］.西南大学硕士学位论文，2022.

［21］尹桐桐.社会物质理论视角下高校教师专业发展的叙事探究［D］.江西科技师范大学硕士学位论文，2022.

［22］张晓宇.高职院校青年教师专业发展的影响因素及促进策略研究［D］.沈阳师范大学硕士学位论文，2022.

［23］王宏涛.信息化背景下初中教师专业发展路径研究［D］.黑龙江大学硕士学位论文，2022.

［24］孙钰静.游戏课程化背景下幼儿教师专业发展的支持研究［D］.西北师范大学硕士学位论文，2022.

［25］殷颖.农村初中中年教师专业发展支持体系优化研究［D］.三峡大学硕士学位论文，2022.

［26］张战胜.人工智能时代科技教师专业发展［D］.华中师范大学硕士学位论文，2022.

［27］卓硕硕.高校教师专业发展有效性研究［D］.上海师范大学硕士学位论文，2022.

［28］杨瑞勋.中小学教师专业发展的师徒制研究［D］.天津师范大学硕士学位论文，2021.

［29］朱燕妮.教师专业发展视角下的高校教师画像研究［D］.浙江师范大学硕士学位论文，2021.

［30］单双.学校专业支持是如何影响初任教师专业发展的 [D].东北师范大学硕士学位论文，2021.

［31］黄可馨.新时代乡村教师专业发展的高校支持策略研究 [D].湖南师范大学硕士学位论文，2020.

［32］刘田雨，王强.压力观对教师情绪衰竭的影响机制研究：时间贫困的中介作用 [J].教育科学研究，2024（2）：51–57.

［33］赵平，胡咏梅.负重致远：工作压力对"双一流"高校教师科研产出的影响机制与破解之道 [J].复旦教育论坛，2024，22（1）：103–113.

［34］王雁，张文秀.抗逆力视角下工作压力对教师融合教育素养的影响机制 [J].教育研究，2023，44（10）：66–76.

［35］蒋良富，谈珊，龙晴琴.工作压力对幼儿教师生活满意度的影响：基于自我效能感和领悟社会支持的作用 [J].学前教育研究，2023（3）：87–90.

［36］王钰彪，蒋瑾，梅涛.挑战性——阻碍性压力何以影响乡村教师工作重塑——自我效能感与情感承诺的多重中介效应 [J].教育学术月刊，2023（1）：89–97.

［37］董志文，曹毅，侯玉波，等.社会比较与中小学教师的心理健康：职业压力与心理弹性的作用 [J].中国健康心理学杂志，2023，31（6）：876–881.

［38］张佳，白东欢，宋鹏威，等.新形势下高校教师工作压力、心理韧性与休闲运动参与对职业倦怠影响的实证研究 [J].中国健康心理学杂志，2022，30（11）：1660–1668.

［39］周丹，王雁.学校融合氛围对教师职业倦怠的影响：工作压力和教师能动性的链式中介作用 [J].中国特殊教育，2022（7）：82–88+96.

［40］朱桂琴，姜帅合，韩晓怡.挑战性—阻碍性压力对乡村教师工作自主性的影响研究 [J].教育研究与实验，2022（3）：94–100.

［41］杨海波，杨世欣.压力与中小学教师问题性手机的关系：健康焦虑和反刍思维的作用 [J].天津师范大学学报（社会科学版），2022（1）：77–83.

［42］陈蕴哲，李翔."中坚青年"压力与动力转化的影响因素研究——以高校青年教师群体为例 [J].中国青年研究，2021（11）：13–23.

［43］任美娜，刘林平."在学术界失眠"：行政逻辑和高校青年教师的时

间压力 [J]. 中国青年研究，2021（8）：14-21+35.

［44］杨蕊，王琪林，何佩，等 . 中小学教师压力知觉和抑郁、焦虑的关系：应对方式的中介作用 [J]. 中国健康心理学杂志，2021，29（12）：1842-1848.

［45］阎光才，闵韡 . 高校教师的职业压力、倦怠与学术热情 [J]. 高等教育研究，2020，41（9）：65-76.

［46］周正，宁宁 . 职业压力对小学教师职业认同的影响：复原力的中介作用 [J]. 教育学报，2020，16（4）：95-103.

［47］关晓斌，段江飞 . 高校教师工作压力与社会支持状况研究——基于调查数据的分析 [J]. 教育理论与实践，2020，40（3）：40-43.

［48］宋存霞，李佳颖 .ChatGPT 技术与教师专业发展：挑战与应对 [J]. 教育理论与实践，2024（25）：42-48.

［49］褚乐阳，刘泽民，王浩，等 . 大模型支持的教师循证实践：行动框架与案例应用 [J]. 开放教育研究，2024，30（4）：91-103.

［50］李玉婷，季茂岳，马永全 . 智能时代高校教师专业发展的机遇、困境及突破路径 [J]. 教育理论与实践，2024，44（18）：50-55.

［51］方红，张天雅 . 数字化转型赋能乡村教师专业发展：现实阻力与实践路向——基于"AGIL"模型视角的分析 [J]. 中国电化教育，2024（6）：61-69.

［52］杨帆，陈昊璇，朱永新 . 人工智能助力教师专业发展：价值定位、现实制约与制度建设 [J]. 中国远程教育，2024，44（4）：58-68.

［53］王帅杰，杨启光 . 推动教师数字领域专业发展的国际图景：动因、特征与镜鉴 [J]. 教师教育研究，2024，36（3）：115-121.

［54］段锐，马廉祯，王松涛 . 高质量体育教师专业发展：时代性、问题域、落脚点 [J]. 体育学刊，2024，31（2）：74-81.

［55］容华，邓小华 . 职业教育"双师型"教师专业发展的伦理向度及行动策略 [J]. 职教论坛，2024，40（1）：71-76.

［56］马艳丽，周海涛 . 民办高校教师专业发展内在动力及其影响因素 [J]. 高教发展与评估，2023，39（5）：58-68+121.

［57］邓小华，黄婷婷 . 教学创新团队赋能高职教师专业发展：理论逻辑

与路径选择 [J]. 中国职业技术教育，2023（23）：76-83.

［58］龙宝新，邱灿. 数字化时代的教师专业自主发展 [J]. 中国教育学刊，2023（8）：79-85.

［59］陈淑维，陈聪诚. 数字时代高职教师专业发展的实践进路——教育生态学视角 [J]. 中国职业技术教育，2023（21）：24-27+69.

［60］刘丽. 智能时代高职教师专业发展的行动路向 [J]. 成人教育，2023，43（4）：59-63.

［61］张萌，杨小微，钱海燕. 专业资本视角下的教师专业化发展——以名师工作室为例 [J]. 全球教育展望，2023，52（6）：100-117.

［62］朱忠明. 教师专业发展视野：定位演变与拓宽路径 [J]. 教育理论与实践，2023，43（14）：29-32.

后　记

　　教师专业发展不只是其自身职业生涯发展的需要，也是实现教育高质量发展的重要驱动力。教师专业发展有助于提升教育的内在质量。当前，教师所扮演的角色已经不再是简单的知识传递者，更是学生全面发展的促进者、引领者。教师的专业水平是影响课堂教学质量的直接因素，是影响学生学习效果的决定性因素。通过不断的学习与反思，教师可以查漏补缺，不断更新与完善自己的知识结构，学习和掌握先进的教育理念与教学方法，从而充分地满足学生多元化、差异化的学习需求。在此过程中，教师已经从知识的传授者转变为学生学习的指导者，其专业发展水平关乎着教育整体质量。

　　教师的专业发展对其生活质量和职业幸福感有直接的影响。教育是一项复杂性、高强度的职业，教师难免会遇到各种问题，无形之中面临着一定的工作压力，如果缺乏足够的专业支持和发展机会，教师可能会出现职业倦怠感，陷入心理压力的困境。而教师通过不断的专业发展，一方面可以有效提升自身的专业能力，另一方面可以获得源自学校、同事以及社会的支持，从而不断强化自我效能感，获得较高的职业满意度。教师积极的职业状态对于教育质量的提升具有重要的作用，因为具有较高职业满意度的教师才可以培育出健康快乐的学生。